救国の秘策

公開霊言
高杉晋作・田中角栄

大川隆法
Ryuho Okawa

本霊言は、2010年6月30日、幸福の科学府中支部精舎（写真上・中左）、
7月1日、新潟正心館（写真中右・下）にて、質問者との対話形式で
公開収録された。

まえがき

明治維新前夜の天才戦略家・高杉晋作《たかすぎしんさく》と、戦後日本の天才政治家・田中角栄、両氏の霊言に、その時の私の講義録を合わせたものである。

政治、すなわち、『幸福実現党』に対するアドバイスをも含んだ霊言であるが、意外なことに、奇策《きさく》をもって鳴《な》る高杉氏が堂々たる横綱相撲《よこづなずもう》を取れと主張し、田中氏が奇策や人心掌握術《じんしんしょうあくじゅつ》をていねいにさとされた。

ああ、しかし、彼らのスケールは大きいかな。巨視的《きょしてき》な物の見方と人間としての面白味《おもしろみ》は天下一品《てんかいっぴん》である。

私たちも、大きな目でみて、天下百年の計を誤《あやま》ってはなるまい。幸福維新に駆け参じて下さるため、政治家、有志の方々が一名でも多く目覚めて下さることを切に願う。

二〇一〇年　八月四日

幸福《こうふく》の科学《かがく》グループ創始者兼総裁《そうししゃけんそうさい》　大川隆法《おおかわりゅうほう》

救国の秘策　目次

第一部

第1章　国家社会主義との対決

第2章　高杉晋作《たかすぎしんさく》との対話

第二部

第3章　幸福実現党の心

第4章　田中角栄との対話

第一部

二〇一〇年六月三十日
東京都・幸福の科学　府中支部精舎にて

第1章

国家社会主義との対決

1 いよいよ「国難パート2《ツー》」が始まる

「国難パート1《ワン》」をもたらした鳩山《はとやま》政権

こんにちは。府中支部のみなさん、それから、衛星中継《ちゅうけい》でご覧の東京本部のみなさん、平日にもかかわらず、ありがとうございます。

先日、『菅《かん》直人の原点を探る』（幸福の科学出版刊）という本を出しました。ここ府中支部は、菅氏の選挙の地盤《じばん》でもあり、ここで講義をしたほうがいいだろうということで、選ばれました。

『菅直人の原点を探る』という本に関して、私が考えるところを簡単に述べたいと思います。

同書の後半は、「高杉晋作《たかすぎしんさく》の霊言《れいげん》」が占《し》めていますが、今日は、実際に、高杉晋作の霊を呼んで、改めて彼の意見を聴《き》いてみたいと思っています（本書第2章）。

さて、『菅直人の原点を探る』という題が付いていますが、このように個人の名前を冠《かん》した本を出すというのは、かなり珍《めずら》しいことだと思います。私としては、かえって彼を有名にしてしまう可能性もありますし、菅政権がすぐに終わるようなことになったら、〝死に本〟になってしまうので、複雑なところがあるのです。

同書において私が言いたいことは、「いよいよ国難パート2《ツー》が始まる」という警告です。そのため、あえて、「顔付き、名前付き」で本を出したわけです。

最初の「国難パート1《ワン》」のほうは鳩山《はとやま》政権でした。昨年、七十四パーセントぐらいの支持率でスタートしましたが、一年もたずに八カ月半で失脚《しっきゃく》し、政変が起きました。私は、鳩山政権発足以前から、激しく批判をしていましたが、七十パーセント台の支持率がありながら、一年も政権がもたないというのは、かなり珍しいことです。厳しく批判したことが、そうとう効いたのでしょう。

この「国難パート1」の中心は、やはり、外交問題であったと思います。沖縄《おきなわ》の普天間《ふてんま》基地問題をめぐって、日米関係の危機と、日本の国防の危機が迫《せま》っていました。この外交の問題は、幸福実現党を立党した動機の一つでもありましたが、この部分について、政治的主張をかなり行いました。もちろん、私の本だけで言論を主張することも可能でしたが、やはり、政党を立てて、政治活動を全国展開することによって、かなりの圧力がかかったものと思われます。圧力団体的な力は、現実に、そうとうかかったのではないかと考えます。

普通は、「七十パーセント台の支持率で始まった内閣を八カ月半で倒《たお》す」というのは、そう簡単にできることではないのですが、そうとう厳しく批判したことで、ほかのものもそれに便乗してきて、予想外に早く首相の座を去ることになったのでしょう。

結局、鳩山政権に、最終的に引導を渡《わた》したのは、『民主党亡国論』（大川隆法著、幸福の科学出版刊）の刊行ではないかと思います。その本のなかで、はっきりと引退勧告《かんこく》をしたのが効いたように思います。

財務官僚《かんりょう》に操縦される〝空きカン内閣〟に引導を渡《わた》す

マスコミも、鳩山氏のときには、「百日ルール」を適用し、「総理になって百日間ぐらいは、猶予《ゆうよ》をしなければいけない」などと言っていましたが、菅氏の場合は、百日を待たずして、即《そく》、批判が始まりました。

週刊誌等は、当会の本を読んで菅政権への批判を展開しています。〝原本〟はこちらなのです。彼らは、当会の本の結論を見て、「批判してよいのだな」と考え、その結論に添《そ》う方向で批判をしています。つまり、もとになるものは、全部、当会から出ており、正邪《せいじゃ》の価値判断については、そうとう、こちらのほうに頼《たよ》っている状態なのです。

したがって、影響力《えいきょうりょく》としては、かなりのものが出ています。言論および一種の政治的圧力団体としての実体が、かなり出てきているのです。もちろん、政権党としての力を持つところまでいくことができればよいのですが、その前に、ある程度、政治的な見解を知らしめて、何らかの実績を積む必要があると思います。

鳩山政権は八カ月半でしたが、菅政権をそこまでもたせるつもりは、私にはありません。菅氏は、マングースに狙《ねら》われるハブのようなもので、だいたい、いつごろ辞《や》めてもらうか、そろそろ期限を設定しようと考えています。「いちおう、総理になったのですから、それでご満足ください」という感じで、引導を渡《わた》さなければいけないと思っています。

その理由は、はっきり言って、「嘘《うそ》つき政権」だからです。この人は嘘つきです。口先がうまいので、それで世渡りをしてきたのだろうと思いますが、一国のトップにまでなったら、それでは済みません。やはり、信義を守り、基本的な主張をピシッと貫《つらぬ》かなければいけないのですが、彼には、小手先でごまかそうとする気《け》があります。

菅氏は、昨年、「脱官僚《だつかんりょう》」ということを一生懸命《いっしょうけんめい》に言っていたのに、今は、完全に官僚に踊《おど》らされています。この変わり身の早さを見ると、〝空きカン内閣〟と言われてもしかたがないでしょう。本当に、中身のない「空き缶《かん》」だと思います。

彼の裏に付いているのは財務官僚ですが、財務官僚にこれほど完璧《かんぺき》に操縦される内閣というのは、かつてありませんでした。自民党内閣時代でも、ここまで完全には操縦できなかったので、そうとうなものです。

菅氏を操縦している財務官僚は、私の大学の同窓生であり、誰《だれ》がやっているかも分かっているのですが、ここまで完全に操縦されるというのは、本当に中身が空《から》っぽだということです。経済や財政について何も知らないから、彼らの思い通りに操られているのです。

2　菅《かん》政権の本質は「国家社会主義」

納税者番号による一元管理は「国家社会主義」そのもの

「国難パート1」は、外交危機との戦いでしたが、これについては、ある意味で、最初のハードルは越《こ》えました。本心では「日米安保の継続《けいぞく》に反対」という人たちに、日米安保の堅持《けんじ》を誓《ちか》わせましたし、アメリカ海兵隊が沖縄《おきなわ》から撤退《てったい》しなくてもよいところまで押《お》し込《こ》みました。その意味で、一つ目のハードルは越えたと思います。

二つ目のハードルである「国難パート2」の正体は何かと言うと、これは、国家社会主義との対決なのです。政権発足の段階で、「菅《かん》政権の本質は、国家社会主義である」と、ズバリ見抜《みぬ》いたというのは、類を見ない早さです。

昨日（六月二十九日）の夜のニュース等を見ていると、ほとんどサッカー・ワールドカップに関するものばかりでしたが、その合間を縫《ぬ》ってかすかに流れた政治ニュースによれば、菅首相は、「国民全員に納税者としての共通番号を振《ふ》り、すべてを一元管理しよう」と考えているようです。

昔から、「国民総背番号制を導入しよう」というような話は、何度も出ては潰《つぶ》れていますが、これを導入すれば、国民一人一人の納税額や、社会保障費の額など、各人の収入状況《じょうきょう》が完全につかめるようになります。

菅氏によれば、「消費税率を上げると、所得が低い人ほど負担が重くなるので、低所得層については、払《はら》った消費税を少し返さなければいけない。そのためには、全国民の収入を正確に把握《はあく》しておく必要がある」というわけです。

これは実にうまい言い方なので、気をつけなければいけません。「低所得層に消費税をリファンド（払い戻《もど》し）するために、全国民の所得を正確に全部つかんでおかなければいけない」と言っていますが、これは怖《こわ》いことです。言っておきますが、これは「国家社会主義」そのものなのです。

つまり、「ナンバーを打ち込むだけで、各人の収入や資産がすべて分かる」というようなかたちで管理されるということです。そして、「老後の社会福祉《ふくし》は国家が行う」という名目の下《もと》に、すべてを国家の管理下に置こうとするものなので、これは、私がすでに『国家社会主義とは何か』（幸福の科学出版刊）という本を出して警告しているとおり、完璧《かんぺき》に国家社会主義の政策なのです。

この制度が導入されると、国民は、もう完全に逃《に》げられなくなります。収入は全部把握され、老後もすべて国家の管理下に置かれて、自由の余地はほとんどない状態になります。

現在、年金は三種類程度ありますが、その年金も一本化し、収入や財産を完全に把握しようとしています。「低所得層に、お金を返す」という名目で、全部を調べ上げて把握しようとしているのです。

そういう制度が導入されていなくても、現在、税務署は、みなさんがクレジットカードで買い物をした情報を、実は全部持っています。税務調査をするときには、「どこで、何を、いくらで買ったか」というカードの記録を、税務署は全部調べることができるのです。

こんな権限は、いったいどこから来るものなのでしょうか。私有財産の保障と、個人情報の保持の義務があるはずですが、税務署のほうは、どこで何をどれだけ買ったかを、全部つかんでいます。

今でさえ、こうした状況にあるのに、さらに、個人の番号を入力しただけで、すべての財産状況を簡単につかめるようにするというのは、とても怖いことです。役所の側から見れば非常に都合のよいシステムですが、ただ、個人の側から見ると、これはネズミ捕《と》りに捕《つか》まったネズミと同じであり、極《きわ》めて怖い体制です。

菅氏は、「低所得層にお金を返すために必要なのだ」と言っていますが、彼はこういう言い訳がとてもうまいのです。財務省のほうは、菅氏にそういうことを言わせて、国民の情報を完璧につかもうとしているわけです。

アメリカ独立戦争のきっかけは、不当な税金への反発

かつて、アメリカには、「ティーパーティー事件」というものがありました。母国イギリスの茶税に反発し、紅茶の箱を海に投げ捨てて、「税金を払わない」という意思表示をしたことが、アメリカ独立運動へと発展していきました。アメ

リカ独立運動のきっかけは、実は税金の問題なのです。

アメリカは、本国のイギリスから紅茶を輸入していましたが、その紅茶を飲むのに税金がかかっていたわけです。

そこで、紅茶に税金をかけられることに反発し、積み荷の茶を海に捨て、「税金を払わない」という不買運動が起きたわけですが、実は、これがアメリカの独立戦争の引き金になっているのです。税金とは、それほど重いものなのです。要するに、税金によって、植民地化され、完全に支配されてしまう可能性があるということです。

このように、不当な税金に対する反発が、アメリカがイギリスから独立するきっかけになったのです。

ちなみに、今のオバマ政権はアメリカのなかでも極左《きょくさ》であり、やや社会主義的傾向《けいこう》が強く、国民皆保険《こくみんかいほけん》に近い医療《いりょう》保険制度をつくるなどしています。

それに対して、アメリカでは、「財政赤字が拡大しているなかで『大きな政府』をつくり、税金を再分配しようとしてしまっては、自由の領域がなくなってしまう」ということで、かつての「ティーパーティー事件」をまねて、オバマ政権に対する反対運動がかなり盛り上がっています。政府を倒《たお》し、オバマ大統領を再選させないようにする運動が起きているのです。

アメリカ人には、「国家社会主義によって、政府に完璧に支配されるほど、われわれは落ちぶれていない」と思うだけのプライドがまだあるのです。「自分のことぐらいは自分で護《まも》る。自分の老後ぐらいは自分で護る。『国家が全部面倒を見てくれる』などということに甘《あま》んじるほど、落ちぶれていない」と思うだけの気概《きがい》がまだ残っているのです。

この考え方は実に正しくて、アメリカは、もともと、その自由のために独立した国なのです。

そのように、政府によって完全に抑え込まれるような動きに対して、「『個人、あるいは個人の起こした企業《きぎょう》が、繁栄《はんえい》をつくっていく』という美風を護ることが、アメリカの伝統である」ということで、戦う人たちが今もいます。

財務官僚《かんりょう》は、全体が見えない〝お金の職人〟

それに比べて、日本人の場合は、あっさりと「国民総背番号制」にされてしまいそうですが、これだけコンピュータが発達した時代になると、本当に、個人情報が完全に国家の管理下に置かれ、何から何まで分かってしまうようになります。

これは実に怖いことだと思います。国家に援助《えんじょ》を求めたい人は、自ら申請《しんせい》して、そのように管理されてもよいと思いますが、必ずしもそれを望まない人もいるはずです。例えば、現実に、大した病気もせずにこの世を去る人は、たくさんいるわけです。

そうであるにもかかわらず、「万一《まんいつ》、病気が起きたらいけない」というだけのために、国が〝税金〟をたくさんプールし、「それをどう分配するかは自由にさせてもらいたい。国を信用してほしい」と言われても、これまでやってきたことを見れば、信用することはできません。

国民のほうは、「国が年金の保険料を集めているから、当然、利子がついて老後にもらえるものだ」と思っていたわけですが、そのお金でグリーンピアをたくさん建てるなどして、ほとんど使ってしまったのです。それで、「国を信用せよ」と言われても無理な話です。まずは、年金保険料を使い込んだことについての反省と謝罪が必要でしょうし、はっきり言って信用が戻っていません。

そういう段階で、国民に共通番号を打って、収入を全部把握しようとすることは、そう簡単に許すわけにはいきません。官僚《かんりょう》のほうは、民主党政権になったから可能だと思って仕掛《しか》けているのかもしれませんが、「そんなに甘くはない」というところを見せなければいけないでしょう。

ただ、流れとしては、私が述べているとおり、完璧に、国家社会主義の流れに入っています。菅氏の頭のなかに国家社会主義の思想があるために、官僚に利用されているのです。官僚のほうは、菅首相のクビなど、いくら切っても構わないのです。それと引き換《か》えに、自分たちが考えていることを実現できればよいわけです。

財務官僚は、頭はよいのですが、結局、〝お金の職人〟のようになっていて、全体が見えていないのです。本当は、国家経営や国民の繁栄までは見えておらず、セクショナリズムに陥《おちい》り、自分たちにとって都合のいいようにやろうとしています。

彼らは、基本的に自分たちの権力を増やそうとしているので、やはり、きちんと意見を述べて、正しい方向に導く必要があると思います。

3　国民の「希望の光」でありたい

「国難パート2」との戦いは、この国家社会主義との対決になります。国家社会主義というのは、ヒトラーの思想です。そのヒトラーの霊は、今、〝地下〟で中国政府の指導者に近づき、昔と同じようなことをやろうとし始めています。

そして、その〝地下の第三帝国《ていこく》〟が日本まで地続きになろうとしているため、宗教的には、それを阻止《そし》するために戦っているのです。「国民を不幸にする体制には持っていかせない」ということです。

そのために、幸福実現党は戦っています。今は、まだ支持率は低いかもしれませんが、将来的に、この国の防波堤《ぼうはてい》となるのは、幸福実現党なのです。やはり、

「国民を護《まも》るべきものがなければいけない。国民がすがるべきものがなければいけない」と考えています。国民の「希望の光」でありたいと強く願う次第です。

以上が、『菅《かん》直人の原点を探る』という本の簡単な概論《がいろん》です。彼の政治の原点であるという市川房枝《いちかわふさえ》は、死後二十九年たちますが、自分があの世にいることも分からないような状態です。この人から教わったならば、やはり、菅氏も同じような人になるだろうとは思います。

また、菅氏は、自分がたまたま山口県に生まれたので高杉晋作《たかすぎしんさく》を尊敬しているようですが、高杉晋作本人は、「『奇兵隊内閣《きへいたいないかく》』などと名付けられても迷惑《めいわく》である」という意見です。どのように迷惑しているのか、意見をあとで訊《き》いてみようと思います。

発足してまもない菅政権を批判するのは恐縮《きょうしゅく》ではありますが、これも国師《こくし》としての使命なので、批判を打ち込《こ》んでおかなければならないと考えます。

第2章

高杉晋作《たかすぎしんさく》との対話

高杉晋作《たかすぎしんさく》（一八三九～一八六七）
長州藩士《はんし》で明治維新《いしん》の志士。吉田松陰《よしだしょういん》の松下村塾《しょうかそんじゅく》で学ぶ。桂《かつら》小五郎《こごろう》（木戸孝允《きどたかよし》）や久坂玄瑞《くさかげんずい》らと共に尊皇攘夷《そんのうじょうい》運動に加わり、身分にとらわれない志願者で構成する奇兵隊《きへいたい》を組織して倒幕《とうばく》運動を展開したが、肺結核《はいけっかく》で死去した。

［質問者二名は、それぞれA・Bと表記］

1　民主党政権を一刀両断する秘策

大川隆法　それでは、菅《かん》氏の言う「奇兵隊内閣《きへいたいないかく》」が、はたして認められるようなものなのかどうか、実際に高杉晋作を呼んで、訊《き》いてみたいと考えます。

（質問者が席につく）

大川隆法　はい。では、よろしくお願いします。

司会・A・B――　よろしくお願いします。

大川隆法　（瞑目《めいもく》し、大きく息を吐《は》く。約十八秒間の沈黙《ちんもく》ののち、合掌《がっしょう》）

明治維新《いしん》において、長州藩《はん》の維新の志士となり、奇兵隊をつくりて、幕府を倒《たお》すにあたり、活躍《かつやく》をなされた、高杉晋作の霊《れい》よ。

どうか、幸福の科学府中支部精舎に降りたまいて、われらを指導したまえ。

われらに、正しき政治のあり方、この国の向かうべき方途《ほうと》、また、現政権の問題点等、お考えがあれば、ご指導をお願い申し上げます。

（約三十秒間の沈黙）

高杉晋作　高杉です。

司会　高杉先生、こんにちは。

高杉晋作　アッハハ。また、あなたか（会場笑）。

司会　はい（笑）。本日は、菅直人氏の本拠地《ほんきょち》に、高杉先生をお呼びしまして……。

高杉晋作　うん、まあ、「先生」はやめようやあ。

司会　何と申し上げましょうか（苦笑）。

高杉晋作　まあ、同僚《どうりょう》だからさ。

司会　いえ（笑）。そんなことは、ございません。

高杉晋作　まあ、仲間だからさ。

司会　ええ。

高杉晋作　まあ、高杉さんか、晋作さんでもいいよ。

司会　（笑）では、「高杉さん」と呼ばせていただきます。

高杉晋作　うん。まあ、年は俺《おれ》のほうが一つ上だけどさあ。

司会　はい（笑）。

高杉晋作　でも、君のほうが先輩《せんぱい》だからなあ。

司会　そんなことは、ございません（笑）。

今日は、高杉さんに、菅直人氏の本拠地で、ぜひ、「奇兵隊」の精神を発揮して、菅直人必殺の奇策を賜《たまわ》りたく、ご質問をさせていただきたいと考えております。

高杉晋作　（Aを指差して）この人は、かなり詳《くわ》しそうだねえ。

あなた（A）は、私なんか要《い》らないんじゃないか？（会場笑）何か、自分でやってしまいそうな感じじゃないか。もう、奇策そのもののような人間じゃないの（会場笑）。

司会　ぜひ、奇策を戦わせていただければと思います。それでは、質問を始めさせていただきます。

「功山寺挙兵《こうざんじきょへい》」の精神とは

A――　高杉先生、私は、幸福実現党の総務会長の○○でございます。

高杉晋作　ほら、有名な人だよ。ああ。

Ａ――　ありがとうございます。

高杉晋作　変な格好をして、豆撒《まめま》きしていた人だろう？（会場笑）　ああ、奇策を十分やっているよ。

Ａ――　ええ（笑）。私は、高杉先生を、本当に心から敬愛し、尊敬させていただいている男の一人でございます。

高杉晋作　「男」ねえ！　うーん。

Ａ――　はい（笑）。

高杉晋作　いい言葉だなあ。

Ａ――　ありがとうございます。

高杉晋作「男の一人」ねえ。うーん。

Ａ――　ぜひ、今日は、先生の「功山寺挙兵《こうざんじきょへい》」のときの肝《きも》っ魂《たま》精神をいただきまして……。

高杉晋作　はあ！　いいねえ！

Ａ――　はい。

高杉晋作　それは、まさしく、今、心境一致《いっち》だなあ。うーん。

Ａ――　はい。もう、「菅直人の左翼《さよく》政権を、幸福実現党の私○○が、必ず潰《つぶ》す！」という気合いを持って、臨《のぞ》ませていただいております。

先ほど、大川隆法総裁からも、お話がありましたけれども、菅氏は、「消費税の増税」など、財務官僚と一緒《いっしょ》になって、とにかく、「大きな政府」の方向、社会主義化の方向に持っていこうとしております。

これを、何とか阻止《そし》できるような方法、秘策をいただければと思います。

高杉晋作　うーん。

A――　私《わたくし》は、実は、以前、朝日新聞の記者をしておりましたが、やはり、マスコミも、今、菅政権と一緒になって、社会主義のほうへ日本を持っていこうとしております。

高杉晋作　うん、うん。

A――　特に、今回の消費税増税の動きに関しまして、つい最近、確かな情報を手に入れたのですが、マスコミのトップと菅政権が裏で手を握《にぎ》り、「マスコミに関しては、消費税をほとんど上げない」と……。

高杉晋作　ハッハッハッハッハッハ。

Ａ――　「その代わり、マスコミは菅政権を応援《おうえん》する」というような密約が、どうもあるようです。

高杉晋作　悪魔《あくま》だなあ、これは。

Ａ――　はい。

高杉晋作　うーん。そうか。

Ａ――　はい。そうしたマスコミも含《ふく》めて、この民主党政権を一刀両断する秘策などがございましたら、お教えいただきたいと思います。

高杉晋作　まあ、みな、そんなに歴史に詳しいわけじゃないからさ、あんたが言った、「功山寺挙兵」とかいっても、分からんかもしれないけどね。まあ、簡単に言えば、八十人ぐらいの人間で、当時の長州藩の軍隊、二千人ぐらいに立ち向かっていって、勝ってしまったのさ。

それで、その次は、長州の軍隊の親分になり、長州軍二万人ぐらいを率いて、長州を攻《せ》めにきた幕府軍十五万、七倍の敵を破ってしまったのさ。まあ、たまたまなんだけど、それで、軍事の天才みたいに言われることが、たまにあるんだよ。

今の幸福実現党の置かれている状況《じょうきょう》から見ると、「そのようなことができたら、いいなあ」というところだな。

だけど、今は時代が一緒じゃないから、力士隊《りきしたい》を出すわけにもいかないしなあ（会場笑）。「力士隊五十人！」とか言って、みな、ふんどしして出てきて、戦うわけにはいかんとは思うがなあ（会場笑）。

ただ、まあ、どうだろう。現代は昔とは違《ちが》って、チャンバラじゃないからさ。

やはり、頭の勝負だな。

私だって、それはもう、五尺二寸、今だったら、百五十六センチぐらいか？

まあ、小さな標準的な日本人だった。

関羽《かんう》や張飛《ちょうひ》のような豪傑《ごうけつ》だったわけじゃないんだよな。そんなふうに、強かったわけじゃない。基本的には、やはり、発想や、考え方の切れ味だったし、気合とか情熱とか、そんなものが人を動かしたのかな。

だから、過去の長州の例で見ても、必ずしも軍勢の数で勝敗が決まるわけじゃないんだよ。時代が必要とするものは起きるわけで、客観情勢から見たら、負ける戦いであるはずだけれども、いくら人数が多くても、旧態依然《きゅうたいいぜん》とした軍隊なんていうのは、弱いものなんだよ。

新しく、勢いに満ちたものが、「まさか」というような決死の突撃《とつげき》をしてくると、思わぬ成果があがったり、敵が総崩《そうくず》れになったりするようなことも、あるわけなんだよね。

「国難パート2《ツー》」の阻止《そし》にエネルギーを絞《しぼ》り込《こ》め

だから、今、菅さんの〝懐《ふところ》〟で、こんな『菅直人の原点を探る』という本を講義され、「菅さん、よかったですね、市川房枝《いちかわふさえ》さんにご指導いただいて、一緒に地獄《じごく》へ行かれるんですねえ」って刺《さ》されたら、これはこたえるわなあ。

最近、大川総裁の夢枕《ゆめまくら》に、菅さんの守護霊が立って、「新聞の広告がきつい」「菅直人攻撃《こうげき》が、きつすぎる」と言ってきて大変らしいからねえ（会場笑）。やはり、今、いろいろなところから、たくさん献本《けんぽん》されて、困ってるんじゃないかと思うな（会場笑）。あっちからも、こっちからも、「こんな本が出ていますよ」と言ってこられて、困ってるだろうね。

これだけの早さの攻撃と、それによる評判の低下というのは、類を見ない早さではあるので、ちょっと衝撃《しょうげき》を受けているようだな。でも、本気になって、抗議《こうぎ》したり抗弁したりすると、幸福実現党が大きく見えるから、それもできないしね。だから、難しいところなんだろう。

しかし、基本的に、先ほど大川総裁が言われていたように、〝空きカン内閣〟というのは当たっていると思うよ。本当に、そのとおりだわ。つまり、彼としては、「もう、やるべきことは終わった」というか、「自分の持っているものは、もう、全部出してしまった」ということなんだよ。基本的に、自分がずっと温めていた、市民運動的なものの考え方のようなものを、もう、全部出してしまったんだよ。

ただ、それは、市民運動でうまくいったからといって、国家経営でうまくいくものじゃないんだよ。そのためには、当然ながら、人間としての成長が要《い》るんだ。それは、小さな野党として発言し、揚《あ》げ足を取ったり、狭《せま》いところを攻める分にはいいけれども、「政権与党の立場に立ったらどうなるか」ということは、やはり、考えていなかっただろう。

だから、今、役所の振《ふ》り付けどおりにやるようになっていて、「法案を通せるうちに、どさくさで法案を通そう」と考えているわけだね。

まあ、とりあえず、今の作戦としては、参議院で民主党に過半数を取らせないように追い込んでいかなければいけないだろう。参院選の戦いとしては、「民主党で、これだけ負けが出た」というかたちにする必要はあると思うね。(傍点《ぼうてん》筆者)

それで、政局は、おそらく急速に流動化してくるので、今、強硬《きょうこう》に進めようとしている国家社会主義的な流れ自体は、急に進まなくなってくるとは思う。(同)

まず、それをやらなければいけないと思うので、しっかり批判をなされて、人気上昇《じょうしょう》にならないようにして、予定どおり、選挙当日までには、もう一段、支持率を落とさせていただく。そして、その落ちた分を少しはこちらのほうに回してもらえないかなあ（笑）というところだな。

選挙日までは、もう十日ぐらいなんだろうけれども、目標は、あと十数パーセントの支持率の下落だね。選挙の当日に、やはり、三十パーセント台までは落としておきたいと思っている。

その、落ちた十数パーセントが、全部、自民党に行くか、みんなの党に行くか、どうなるかは分からないけれども、批判がそれなりに鋭《するど》ければ、こちらにも少しは支持が回ってくるかもしれないと思うね。

残り時間から見ると、今は、やはり、「まずは国家社会主義の進行を食い止めて、国難パート２《ツー》を阻止《そし》する」というところにエネルギーを絞《しぼ》り込《こ》むべきかな。

それで、消費税が、どうとか言ってたか？

時の政権とマスコミの癒着《ゆちゃく》の構造

A―― はい。今、マスコミも菅政権とグルになって、消費税の増税を進めていこうとしています。

高杉晋作　ああ、グルね。そんなの、昔からグルだよ（会場笑）。

つまり、菅政権を批判している週刊誌は、内閣から、お金をもらっていない週刊誌だ。お金をもらっているところは、みな黙《だま》っている。そして、国民全体が批判し始めたら、しかたがないから、押《お》っ取《と》り刀《がたな》で批判を始めるということかな。

だから、新聞社等は、本来なら言うべきことを言っていないんだよ。彼らは、自民党政権のときには、「国民の選挙を通さずして、与党のなかだけで首相を替《か》えている」と、ものすごく批判をしていたよね。それが、今回は、民主党が、内部で首相の顔を替えるだけで過ぎ越《こ》そうとしていることを、マスコミは見逃《みのが》している。あれは、実際に、もっと批判してもいいことだよ。

もし、政府の考え方を根本的に変えるんだったら、それは、国民の審判《しんぱん》を仰《あお》がなければいけない問題だけれども、追及《ついきゅう》はかなり甘《あま》いよね。

これは、おそらく、五月に、鳩山《はとやま》さんが、最後にマスコミに撒いたお金のせいだろうね。内閣官房機密費《ないかくかんぼう》は、年間十五億円あるんだよ。この十五億円は、いくら使っても領収書を取る必要がないし、会計検査院のチェックも受けなくてよいお金なんだよ。

ほとんどは、野党対策、もしくは、マスコミ対策に使われているんだね。

野党といっても、今の自民党にお金を渡《わた》すわけにもいかないだろうから、どこかの党と連携《れんけい》するときに、お金を出すだろうと思う。

そういう、野党と連立しなければいけないときには、お金を使うと思うけれども、今は、マスコミを黙らせるために使っているはずなんだね。

鳩山政権の末期から、使う量が急速に増えてきているので、マスコミの言論を封じるために、そうとう撒いているはずだ。だから、彼らは一蓮托生《いちれんたくしょう》だ。これは腐敗《ふはい》の構造なんだが、マスコミを通さずしては暴けないようになっている。

まあ、そういう寡占《かせん》状態になっているということだ。でも、いずれ、これは崩さなければいかんでしょうな。マスコミ自体が官僚制みたいになってきているのでね。マスコミの上のほうにいる人たちが、そういう思考にどっぷりと浸《つ》かっていて、自分たちで談合して政権をつくれるような気になっているんだね。

やはり、「次期総理といわれるような人が、一生懸命《いっしょうけんめい》、揉《も》み手《で》をし、頭を下げてくる」という面白《おもしろ》さは、やめられないらしいんだよなあ。新聞社の長とか、マスコミの長とかが、「おまえ、生意気なことを言ったな。絶対、総理にしてやらない」などと言うと、総理候補が、本当に、平身低頭して謝《あやま》りに来るというような、この権力の醍醐味《だいごみ》は、一度味わうと、やめられない感じなんだな。

あとは、「料亭政治《りょうていせいじ》」という批判もたまにあるけど、マスコミがその料亭に呼ばれた場合には、お金なんか一円も払《はら》っていないよな。

あなたは、新聞記者時代には、それほど偉《えら》くならなかったんだろうけれども（笑）、今、残っていたら、もう少し偉くなっていて、接待されてただろう（会場笑）。赤坂あたりの高級料亭で、「取材をした」ということで、いくらお金がかかったかも知らずに食べて、そのまま帰れるような仕組みになっているのさ。

だから、これは完全に癒着《ゆちゃく》しているし、いちばん悪いのは、首相官邸《かんてい》の記者クラブのような独占体制だろうね。二大政党制で、どちらかが必ず与党になるのであれば、両方にパイプをつくってしまえばよいわけだからね。まあ、マスコミは、ゼネコンの談合を批判できるような立場にはないでしょうな。

この「マスコミ型民主主義」というのは、わりに近年始まったもので、歴史が浅いため、これを改善する方法が、まだ十分に見つかっていないんだよ。侍《さむらい》の世の中だったら、ちょっと違うよ。二本差しが本社に乗り込んでいくわけだからねえ。これは大変だからな（会場笑）。

けれども、今は、侍の世の中ではないから、マスコミも安心し切っているのさ。侍が刀を差していたら、もう、夜道を帰れなくなるけどね。そういう世の中ではないので、まあ、安心はしているんだろう。

正々堂々の論陣《ろんじん》を張って、マスコミの襟《えり》を正させよ

ただねえ、最後の一線というのは確かにあるんだよ。やはり、「国民がどのように考えるか」というところが、最後にはあって、国民の気持ちが離《はな》れたら、結局は潰れていくんでね。

今なんかは、選挙公示期間中でも、あるいは、公示前でも、マスコミが最終議

席数まで予測してくださる時代だ。選挙運動をしようがしまいが、結果が決まっているようなものだが、あんなふうに、自分たちに都合のいい数字を発表して、世論《せろん》を誘導《ゆうどう》することは、いくらでも可能だよね。

誰《だれ》でも、勝ち馬に乗りたい心理があるので、「こちらが当選する」と言われたら、みな、そちらに票を入れ始めるので、本当はフェアな戦いではないと思うね。

それから、新党に関しても、やはり、フェアではない障壁《しょうへき》がそうとうあるわな。やはり、おかしいと思う。「諸派」扱《あつか》いをして、党名を出してくれないので、去年、衆議院の比例区では苦労したしね。

既成政党《きせいせいとう》であれば、「重複立候補している人は、小選挙区で落ちたとしても、その得票数によって比例で復活当選する」というのがあるけれども、政党要件を満たしていない新しい党では重複立候補が認められていない。

だから、最初の、「仲間に入れてやらない」という障壁の部分は、やはり、非常に強いものがあると思うね。

ただ、ここまで来たら、姑息《こそく》なことはやらないで、正々堂々と論陣《ろんじん》を張って戦うべきだと思う。それが、次のオピニオンリーダーだろうし、それが、実は、マスコミに対して襟《えり》を正させることになると思うよ。

今は、本のかたちで出ているけれども、出る速度が週刊誌より速いから（笑）、こちらが本当のマスコミのような感じになっているのではないだろうかねえ。奇《き》襲《しゅう》攻撃にそうとう近いものが、現実にはあるんじゃないかなあ。

消費税の問題についてはね、それは、まあ、いろいろな考え方はあるだろうし、政権側が税金を欲しがるのは、どの国でも、いつの時代でも、一緒だけどね。だけど、大切なのは、国民全体を見渡して、それが正しいことかどうかという判断だな。

今、「今年になってから景気が良くなった」というような報道が続いているけれども、それが本物かどうかということに対しては、やはり、一定の疑いがあるよね。

つい、一年半ぐらい前には、「百年に一回の恐慌《きょうこう》寸前の状態だ」と言っていたんだろう？　だから、おかしいよね。おかしい。今年、そんなに好況になっているというのは、やはりおかしいよ。

それは、経済官庁のほうが上手に情報操作をして選挙前に発表しているか、あるいは、マスコミのほうが都合のよい情報だけを流して情報統制をかけているか。まあ、どちらかだろう。悪い情報は、載《の》せないように抑《おさ》えることができるからね。

一票でも多く取り、政党としての存在感を示せ

ただ、マスコミが、そういう談合をしているとしても、この『菅直人の原点を探る』という本の広告が新聞に載ることを止められないでいるわけだ。それだけ

の力が、こちらにはあるということだね。

それで、全国一斉《いっせい》に、ワーッと批判がなされると、かなりこたえるレベルまでは来ている。

だから、選挙の当選・落選等の勝率の問題もあろうかとは思うけれども、やはり、一票でも多く取って、圧力団体を超《こ》えた存在としての力を示すことが、発言力を必ず増すことになると思うね。

マスコミがいちばん怖《こわ》がっているのは不買運動だよ。不買運動がいちばん怖いんだ。したがって、「言論に影響《えいきょう》されて組織的に動く人たちが一定の数いる」ということが、やはり大きいんだよね。

たとえ十万部や二十万部でも、売り上げを減らされたら、かなりこたえるからね。その意味で、やはり、一票でも多く票を集めるように努力したほうがいいし、いずれは、それが、政党として大きくなっていく条件にもなる。

要は、無駄死《むだじ》に、〝ただ死に〟をしてはならないということだね。まずは、「当選するかもしれない」というところまで攻め込んでいくことが大事だ。

クオリティーというか、質において、あなたは、参議院議員に当選しても、別に全然おかしくない人だよ。全然おかしくない人だと思うよ。

だけど、それが、公平に受け入れられて、国民の目で審判されるような、そういうバランスの取れた報道はなされていないということだね。

さらに、もう一つ、その底流には、宗教への偏見《へんけん》が、戦後ずっとあるだろうから、それも影響しているとは思う。ただ、ゼロから始めたものだから、あまり欲を言ってはいけないと思う。何でも、最初は小さいものだ。

奇兵隊だって、最初は八十人ぐらいのものだったということだよ。それが、幕府を倒すところまで行くわけだから、最初は小さくても、やはり、何らかの小さな勝利をつくっていくことが大事だね。うん。

A――　ありがとうございます。正々堂々、正しい言論を打ち出しながら戦い、しっかりと党勢を拡大してまいります。

高杉晋作　うん。うん。

2　正々堂々、〝横綱《よこづな》〟を目指す戦いをせよ

「負けが勝ちに転ずるとき」がある

Ａ――　もう一つ、ぜひ、お訊《き》きしたいことがございます。

高杉晋作　うん。

Ａ――　伊藤博文《いとうひろぶみ》先生が、生前の高杉先生を評して、「動けば雷電《らいでん》の如《ごと》く、発すれば風雨の如し」と述べておられます。

高杉晋作　死んでから、あとで言ってくれたのね。ハッハッハ（会場笑）。

A――　はい。

高杉晋作　生きてるうちは、言ってくれないよなあ。ハッハッハ。

A――　はい。まさに、そういった人物が、今後、幸福実現党からどんどん輩出《はいしゅつ》していけば、「幸福維新《いしん》」、つまり救世運動が、格段に飛躍《ひやく》していくことと思います。

高杉晋作　うん。

A――　私も、そのような人物になりたいと思っている一人でございますが、これから、若者たちが、先生の志を継《つ》いで、そういう人物を目指していくだろうと思います。

高杉晋作　うん。

A――　そこで、「動けば雷電の如く、発すれば風雨の如し」というような男児になるための秘訣《ひけつ》について、ぜひ、アドバイスをいただければと思います。

高杉晋作　いやあ、今なら、「動けば原爆《げんばく》の如し、発すれば水爆《すいばく》の如し」ぐらいでないと、いけないかもしれないね（会場笑）。まあ、そんな感じかなあ。ハッハッハッハッハ。

やや美談化しているかもしれないね。結果的に、明治維新という革命が成就《じょうじゅ》したので、遡《さかのぼ》って美談化されてる面はあるかもしれない。もし失敗していたら、そんなことはなくて、松陰《しょういん》先生のように「処刑《しょけい》されて終わり」というだけだろうね。

まあ、結果論であるから、あまり言えないところもあるけれども。うーん……。ただ、私たちから見て、あなたがたも、全般的《ぜんぱんてき》に、そんなに悪くはないと思うよ。禁門《きんもん》の変《へん》で、久坂《くさか》先生をはじめ、松下村塾《しょうかそんじゅく》の主要メンバーが斃《たお》れたのは、一八六四年ぐらいだったと思う。明治維新の四年前だよね。

そのころに、長州の主力メンバーは、かなり殺されたんだよ。そうとう死んだ。しかし、その四年後には明治維新が起きているわけだからね。だから、まだまだ、盛り返しは可能だと思う。禁門の変の四年後には、そのようになっているわけだからね。先がどうなるかは、まだまだ分からないということだ。

長州だって、幕府には二回ぐらい攻《せ》められたし、外国からも攻められた。もう敗戦の連続で、そうとう傷《いた》んでいたんだ。それが、回天の偉業《いぎょう》を成し遂《と》げたわけなので、「負けが勝ちに転ずるとき」があるんだよ。

ああいう一藩《いちはん》が、巨大《きょだい》な幕府と戦うわけだから、もちろん負けることもあったが、負けても立ち直ったり、あるいは、ある程度、幕府軍を蹴散《けち》らしたりするようなことがあると、他の藩も、「あそこができるなら、もしかして、うちもできるかもしれない」と思い始めるようになる。そのように、幕府の信用が揺《ゆ》らいでくるわけだね。

幕府の権威《けんい》が揺らいできたら、それが崩《くず》れるまでには、実際、そんなに時間はかからない。

今度は、応援《おうえん》する者が、こちらの流れに入ってくる。「本音を言えば、幕府が怖《こわ》かっただけで、そんなに怖くないのであれば、一緒《いっしょ》に戦いたい」という者まで入ってくるんだよな。
これが、これから起きることなんだよ。

小技を使っていては〝横綱《よこづな》〟にはなれない

あなたがたの力だけでは、たぶん、十分ではないと思う。ただ、今の戦力でもって、あなたがたが、正々堂々の戦いをしているというのを、きちんと見ている人はいる。

リクルートで、一名、参議院議員を得たぐらいで、まだ当選者を出していない党が、堂々と、総理大臣を真っ向から批判して、打《う》ち込んでくる。これは、横綱《よこづな》相撲《ずもう》だよ。

まあ、いわば、幕下から幕内に入ったばかりで、まだ偉くないのに、いきなり、横綱を張り倒《たお》したような感じの叩《たた》き方だね。いわゆる初対決で、バシバシバシバシッと、いきなり、横綱の両頰を張り倒しているような感じかな。

最終的には横綱に負けたかもしれない。一分間戦って、負けたかもしれないが、いきなり出てきて、「横綱の両頰を張り倒した」というのは、そうは言っても、やはり迫力《はくりょく》があるよ。これは、大物になる可能性があるよね。まあ、そんな感じに、ちょっと近いね。

だから、勝負では、まだ勝てていないかもしれないけれども、いきなり横綱の頰を張り倒した感じの戦い方をしたわけだ。去年は、鳩山《はとやま》さんで〝右頰〟を張り倒し（会場笑）、次は、菅《かん》さんで〝左の頰〟を張り倒すんだろう？　もし、次に三番目が出てきたら、今度は正拳突《せいけんづ》きで眉間《みけん》を突くというように（会場笑）、出てくる者を次々と打ち倒すというスタイルで行くんだろう？

これだったら、横綱になるのは、もう時間の問題だよ。相撲の世界でも、その人の戦い方を見れば、出世するかそうでないかは、明らかに分かる。小技を使っているようでは大したことはないよ。

横綱に勝つために、小技を使って、「ちょっと横に飛んでみようか」とか、「足を引っかけてみようか」とか、「足を取って走る」とか（笑）、そんなことをやっているのは大したことはない。しかし、いきなり、ボカーッと殴《なぐ》っていくようなのは、見ていてスカッとする人がたくさんいるんだよ。

そういう人たちが、今、じっと様子を見ているけれども、やがて便乗してくる流れが速くなってくるので、いずれ、幸福実現党が、いろいろな勢力を糾合《きゅうごう》する中心になってくると思う。自分たちだけではなく、ほかの勢力が集まってきて、力を貸してくれるようになるだろうね。

それは、自民党であるか、ほかの小党であるか、まあ、いろいろ可能性はあるだろうし、民主党も、このままもつかどうかは分からない。民主党は、保守派と、そうでない派とに分かれる可能性もある。

まあ、まだ流動的ではあるけれども、「次の時代は、何についていくか」ということを、フォロワー（あとに続く人）たちは考えているので、やはり、そういう人たちがついてこられるような戦い方を堅持《けんじ》すべきだね。だから、意外にというか、数年以内に、大きな地殻変動《ちかくへんどう》を起こせると私は思うね。うん。

Ａ――　〝相撲界〟に入って、まだ一年ちょっとの政党でございますので……。

高杉晋作　そうなんだ。一年では横綱になれないんだよ。

Ａ――　はい。

高杉晋作　だけど、心意気としては、やはり、横綱を目指す戦い方をしなければ駄目《だめ》だ。

A――　はい。必ず、横綱になります。

高杉晋作　君は、私に奇策《きさく》を尋《たず》ねたいのだろうけれども、「技のデパート」では横綱にはなれないんだよ。やはり、横綱というのは、正々堂々の戦い方が要《い》るんだ。

基本は、「真正面から斬《き》り下ろす」ということだ。こちらも死ぬつもりでやらなければ駄目だ。こちらも斬られて絶命するけれども、相手も斬り倒すと。もう相討《あいう》ちでいくぐらいが、だいたい基本だ。このくらいの気迫でいかなければ、もともと勝ち目なんてないよ。

自分は安全地帯にいて、上手に相手を闇討《やみう》ちするなんて、そんなにうまくはいかない。

相手が大きい場合には、やはり、相討ちのつもりで戦うことが大事だね。そのくらいのつもりでいったらいいよ。だから、「総理大臣なんて、そんな権威は、まったく恐《おそ》れもしていない」という感じかな？

死後の〝社会保障〟を請《う》け負っている幸福の科学

（『菅直人の原点を探る』の「市川房枝《いちかわふさえ》の霊言《れいげん》」のページを開きながら）

だって、死んだら、こうなるんでしょう？（会場笑）「あれ？　私、命あるの？　私、死んだ覚えはないんだけど。あなた、何を言ってるの？　年寄りをいじめるんじゃないよ」なんて、こういうことを言ってるけれども、菅さんも死んだらこんなふうになるんだろう？　だから、総理大臣なんて、何の権威もないよなあ。

宗教から見たら、そんなものは、権威のうちに入っていない。この世で、いくら尊敬されようとも、偉そうに見えても、あの世に還《かえ》ったら、全部、幸福の科学の〝支配下〟に入るのは明らかだ。救ってほしければ、こちらに、お頼《たの》みする以外に方法はないよ。

こんな人を救えるのは、大川隆法総裁しかいないからね。ここの弟子の力では、説得しても天国に上がらないんだろう?（会場笑）おそらく、総裁が救済する以外、上がらないだろうね。

最後は、そういうことになるので、幸福の科学は〝究極の社会保障〟なんだよ（会場笑）。生きているうちの社会保障は、政府ができるけれども、死んだあとの社会保障は、実は、宗教が請《う》け負っているんだね。これは究極の社会保障なんだ。総理大臣になっても救われない時代なので、それを救うのは、宗教の仕事なんだよね。

まあ、最終的には、そういうことだけれども、彼は、そうとうこたえているよ。「小沢一郎さんが金丸信さんの墓参りに行った」という話も聞いたが、小沢さんが、そうとうこたえているのは間違《まちが》いないだろう。彼は、去年は墓参りに行かなかったらしいので、「ああ。あれが祟《たた》ったか」と思っているようだね（会場笑）。

菅さんも、また、高杉晋作の墓参りに行くのかな？　彼は、「若いころに行ったんだ」と言っているけれども、私は気がつかなかったよ。彼が若いころ、政治家を目指すときに、いちおう、かたちだけは墓参りに行ったそうだが、私は、全然、感知しなかった（会場笑）。

また行くかもしれないね。この人は、都合が悪くなったら、お遍路《へんろ》をしたりする人だから（会場笑）、突如《とつじょ》、墓参りしたりするかもしれないが、騙《だま》されないようにしないといけないね。

そのときには、「やはり、お坊《ぼう》さんが要《い》ります」と言わないといけないね。「きちんと、あの世の霊人と話ができるお坊さんが必要です。私が同行して、しっかりと高杉に伝えますので」と言って、連れて行かなければいけないかなあ。

あれ、何の話をしていたのかな（会場笑）。

A――　ありがとうございます。これで、質問者を替《か》わらせていただきたいと思います。

今の苦労は将来の肥やしになる

高杉晋作　ああ、そうかい。うん。あんた、有望だよ。

A――　はい。ありがとうございます（会場拍手《はくしゅ》）。

高杉晋作　うん。

そりゃね、まあ、政党としての力がまだ足りないところがあるからさ、どうなるかは言えないけれども、「自民党や民主党の候補に比べて落ちる」ということはないよ。候補として、十分に国民の信に堪《た》える人だと思うし、将来性は高いね。だから、今の苦労は将来の肥やしになるから、しっかり苦労されたらいいと思うよ。うん。

A――　必ず、高杉先生に認めていただけるような活躍を果たしたいと思います。

高杉晋作　朝日新聞が倒産する前に当選してやらないといけないわな（会場笑）。去年、四十億の赤字だろ？　もう、倒産が近いよ。早く当選しないと、救済不能だよ。早く当選してやらないといけないな。

だから、朝日も、いい記事を書かないといけないね。あなたについて、ほめる記事を書いておかないといけない。万一《まんいつ》のときに、税金を投入するかどうか、判断してくれる人がいないといけないからねえ。まあ、そういうことはあるわね。

いや、素質はそんなに悪くない。だから、民主党や自民党から出れば、当選確実の人だと私は思うよ。今は、新しい党なので、認知度が低くて、信用度がまだ足りないのだろうけれどもね。

だけど、だからこそ、二倍三倍の実力があって当選していくということで、男《おとこ》冥利《みょうり》に尽《つ》きるじゃないか。最初にあなたが言った「男」の冥利だよな。

A――　はい。

高杉晋作　すでにある政党の比例名簿《めいぼ》の上位に載《の》せてもらって、「絶対に通ることが決まっている」というような立候補なんて、情けないじゃないか。なあ。頑《がん》張《ば》ろうぜ。

A――　はい、ありがとうございます。必ず、高杉先生のような肝《きも》っ魂《たま》を持って頑張ります。

高杉晋作　いやあ、人間ねえ、まあ、いつかは死ぬんだからさあ、なるべく派手な人生がいいぜ（会場笑）。あまり当たり前の、確実すぎる人生なんて面白《おもしろ》くないじゃないか。なあ。人生に〝博打《ばくち》〟は必要だよ。

君なんか、朝日新聞を辞《や》めて宗教に入ったので、もう十分に博打は打っているけれども（会場笑）、その宗教から、さらに政治に出るんだろう？　博打はもう二回目だ。まあ、面白いじゃないか。なあ。
散るときは、潔《いさぎよ》くきれいに散って、後進に道を開いてもいいし、向こうを道連れにしてもいいし、まあ、それはそれなりにやったらいいぜ。うん。

A――　はい。頑張ります。ありがとうございました。

高杉晋作　はい。

3　政治家・菅《かん》直人をどう見ているか

B――　私は、幸福実現党で広報を担当しております、○○と申します。

高杉晋作　ああ、あんたも有名だな。

B――　いえ、とんでもないです。ご指導よろしくお願いいたします。
今日は、菅《かん》直人氏の本拠地《ほんきょち》において、先ほど、大川隆法総裁より、『菅直人の原点を探る』の講義をいただきましたが、参院選まで残り十日となりました。まずは、少なくともあと十数パーセント、内閣支持率をグッと下げるために、彼の本拠地で、改めて、「菅直人という男は、いかなる人物なのか」ということを問うてみたいと思っております。

彼は、消費税を上げることについて、支持率がパンッと上がった最初のころには、「公約と捉《とら》えてもらって構わない」と言っておきながら、サミットに参加している途中《とちゅう》で、支持率が下がったと聞くや、「議論を始めることを提案したにすぎない」というような卑怯《ひきょう》なことを言ってみたり、本音では、「米軍基地は出ていけばよい」と思っていながら、「日米同盟は、深めていかなければならない」などと、本音とはずいぶん違《ちが》うことを言ったりしているようです。

こうした人物について、高杉先生は、どのように思っておられるのか、お教えいただければと思います。

もう「奇策《きさく》」を使ってはいけない歳《とし》だ

高杉晋作　だからさ、彼は「奇兵隊」という言葉を、何か、〝詭弁隊《きべんたい》〟というように思ってる節《ふし》があるんだなあ（会場笑）。

君らは、みな、「高杉」というと、すぐに、「奇策」と、こう来るじゃないか。だから、正規軍では勝てないけれども、何か変わったことをやって、相手を驚《おどろ》かせて勝つみたいに思ってる。

この人も、何か、口先だけで、ちょっとフェイントをかけ、うまく生き残ろうと思っているんだろうけれども、それだと、わしは許さないな。

実際、弱小の戦力の場合は、そういう方法を駆使《くし》しなければ勝てないけれどもね。ただ、少なくとも、政権党についたなら、正々堂々の陣《じん》で行くべきだと思うな。

彼は、少しずるい言い方をよくするけれども、その年になって、「卑怯である」と言われるのは、人間として恥《はじ》だよ。

やはり、言行一致《げんこういっち》で、「自分の言ったことや行ったことに対して責任を取る」というのが原則だな。

だから、この人は、いかんよ。

B――　はい。

高杉晋作　そういう奇策を、もう使ってはいけない歳だ。そう思うな。うん。

B――　はい。

高杉晋作　あんただって、もう限界だよ（会場笑）。もう奇策は使っちゃいけない。もっと若い人は、まだ少しはいいかもしれないけれども、あんたは、もうそろそろ、自分の言葉に信用がつかないといかんころだよな。

「私が『やる』と言ったら、やります」と。そういう信用がつかないといかんな。

（『菅直人の原点を探る』のカバーに載《の》っている菅氏の写真と質問者Bの顔を見比べながら）でも、まあ、この写真と比べたら、あんたのほうが、いいじゃないか。あんたのほうが、何か、いけそうじゃないか。

B――　いえ。ありがとうございます。

高杉晋作　これは、年を取ってて、写りの悪い写真をわざわざ選んだのかな？

B――　とても写りの悪い、〝いい写真〟を選んだのではないかと思います。

高杉晋作　できるだけ悪い写真を選んだんだな。まあ、若いころは、それなりにかっこ良かったんだろう。それで人気を得たんだろうけどさ。

国難のときこそ、頼《たよ》りになるところを示せ

でも、この人も、三回ぐらい選挙で落ちているという話じゃないか。三回落ちた人が総理になったんだろう？　そこのところだけは、ほめてやったらいいんじゃないか。そこだけは偉《えら》いので、そこだけ、ほめてやったらいい。

だから、あなたがたも、まだまだそう簡単に諦《あきら》めてはいけないし、まあ、菅さ

んは偉人《いじん》の仲間に入《い》れるほどの人だとは私は思っていないけれども、リンカンとかチャーチルとかも、選挙ではずいぶん落ちたそうじゃないか。

国民の目というのは、そんなに当てになるものではないということだね。大統領や首相になるような人を選挙で落とすのだから、予知能力はゼロだな。占《うらな》い師が流行《はや》るだけのことはあるわ。「普通《ふつう》の人には、全然、分からない」ということなんだろうけれどもね。

でも、何回もやっているうちに、だんだん、浸透《しんとう》していくことはあるんだろうから、一貫した方針というか、頼《たよ》りになるところを示したらいいと思う。

幸福の科学も、そういうところのある宗教だし、万一《まんいつ》のとき、危機のときには、もう、スーパーマンみたいに出てくる宗教だよね。いざというときには、正義の御旗《みはた》を掲《かか》げて出てくる宗教だ。

幸福実現党も、そうであってほしいね。国難のときには、岩盤《がんばん》のごとく頑張《がんば》って戦うということだね。だから、言いにくいことも平気で言うようなところが必要だ。

「国民の生命・安全・財産」を護《まも》らないなら税金を払《はら》う必要はない

経済界は、中国との金儲《かねもう》けに励《はげ》みたいだろうけれども、そうは言っても、この二十年間で軍事費を二十倍にも増やしている国を警戒《けいかい》しないというのは、政治家として、あまりにも、ぬかっている。これは当たり前のことだ。

本当に日本と平和的に付き合いたかったら、こんなことをするはずはないから、これはおかしいよね。収入を得て、経済的な力を得て、それを軍事費に充《あ》てているっていうんだろう?

やはり、政治家としては、国が経済的に発展することはいいことだけれども、もう一方で、国の警備を怠《おこた》ってはいけないだろう。もし、政治家が危機管理をやってくれないんだったら、いざというときに、国民はどうしようもないからね。それだったら、税金を払《はら》う必要はない。

去年（二〇〇九年）の衆院選でも言っていたようだけれども、政治家に、「国民の生命・安全・財産」を護《まも》る気が本当にないんだったら、税金を払う必要はないよ。でも、彼らは、税金で国民の財産を取り上げることばかり考えているよな。

また、鳩山《はとやま》さんは、「命を護りたい」なんて言っていたけれども、全然、護る気がないじゃないか。サンゴやジュゴンが税金を払ってるんだったら、護ってやってもいいけどさ（会場笑）、税金を払っているのは人間様のほうなんだからね。

「『人の命を護る』と言うのなら、きちんと護ってください」ということだ。「沖縄《おきなわ》の海兵隊は要《い》らない」と言うんだったら、「では、どうするんですか。自衛隊が護ってくれるんですか。自衛隊で、十分に対応できるんですか」ということだな。

これは、国民としては、当然、知りたいことだよ。その気がないんだったら、「何を思いつきで言うとるのか」ということだな。

国のお金は「次の産業」の発展のために使うべき

菅さんは、本当に経済音痴《おんち》らしくて、「日本もギリシャのようになるから、大変ですよ」というようなことを言ってるけれども、これはちょっと、ギリシャに対して失礼に当たると私は思うね。

日本は国の経済規模が大きいんだから、国債《こくさい》の残高が多くても、別に、おかしくも何ともないんだよ。ギリシャとは、経済規模が、全然、違うんだからね。

問題は、その国債を発行して得たお金を何に使うかということだ。自動車産業が流行る前は、道路をつくったりすることにお金を使うのが大事だったと思うよ。

今は、次の産業へシフトしなければいけないときだから、やはり、次に発展しそうな産業に、国としてお金を使わなければいけない。まあ、それだけのことだわな。

菅さんは、「ご老人に優《やさ》しく、社会福祉《ふくし》のために使う」と言っている。「社会福祉で、月に七万円頂《いただ》ける」というのは結構なことではあるけれども、死んだあとは、相続税で財産を全部持っていこうとしてるんだろう？

しかし、「相続税を取られず、子供に全財産を譲《ゆず》れるのなら、子供がきちんと養ってくれる」という考えだってあるわけだ。「家を譲ってもらえるのだったら、おばあちゃんの面倒《めんどう》を見ますよ」という子供はいるわけだね。

だから、別に、政府が全部面倒を見てくれなくても構わないわけだよ。そのとおりだよね。どちらを選ぶかは、個人の自由だ。

だから、少しやりすぎのところはあるように思う。国民は、みな、「日比谷の年越《としこ》し村」のホームレスじゃないんだろう？　みんながそうだったら、しかたがないと思うけれどもね。

やはり、政治には、国民のプライドというか、意気込《いきご》みというか、「この国を先進国にしたい」「世界のリーダーになりたい」と思わせるような何かがないと駄目《だめ》だよ。この人の言い方には、夢がないわな。希望がないものな。

菅《かん》政権は、官僚《かんりょう》に完全支配された〝詭弁隊内閣《きべんたいないかく》〟

B——「最小不幸社会」ですから。

高杉晋作　そんなのは駄目だよ。それは、「自分が『最小不幸』になりたいだけだろう」と思うんだけどね。やはり、政治家としては、それでは駄目だと私は思う。「最小不幸社会」と言ってる人が、国を売り飛ばそうとしているように見えるからね。

もしかしたら、最小不幸社会というのは、「日本が植民地になっても、『その日のパンにありつけて、水がもらえる生活』は、きちんと保障します」ということかもしれないから、怖《こわ》いよ。「最小不幸」であれば、幸福でなくてもいいんだろう？

それなら、刑務所《けいむしょ》でも最小不幸じゃないか（会場笑）。朝・昼・晩と、三食、出ているんだろう？　刑務所でも、一日の食事で二千キロカロリーぐらいはあって、運動もさせてくれるんだろう？　最小不幸社会が実現しているよ。

今、ダイエットをさせられている大人たちは、二千キロカロリーも摂《と》らせてもらえないんだろう？

刑務所では、朝・昼・晩と三食が出るんだよ。運動まで付いているんだ。もう、最小不幸社会が実現しているね。刑務所は〝ユートピア〟だよ。そういう言い方だって、あるわけだろう？　刑務所は、幸福ではないかもしれないけれども、最小不幸社会は実現しているよ。

病院もそうだよ。精神病院だって、最小不幸社会はもうすでに実現している。「頭がおかしくなった人は、一般《いっぱん》の人に迷惑《めいわく》をかけないために、また、彼ら自身も幸福で快適に生きられるように、隔離《かくり》しています。最小不幸社会は、もうすでに実現しております」という言い方もできるだろう。

だから、あなたがたは、刑務所に入れられても、精神病院に入れられても、最小不幸社会はすでに実現できているから、もう準備万端《ばんたん》なんだよ。

「幸福にする」という約束さえしなければ、嘘《うそ》をついたことにならないからね。こういう言い方は詭弁《きべん》だ。「奇兵隊内閣」ではなくて、〝詭弁隊内閣〟だから、本当に気をつけたほうがいいよ。

B――　ありがとうございます。〝詭弁隊内閣〟ということで、あと十日間、徹《てっ》底的《ていてき》に街宣をし、頑張って打ち倒していきたいと思います。

高杉晋作　いやあ、これは、本当に、〝詭弁隊内閣〟だし、〝アカン内閣〟だし、もう〝空きカン内閣〟だよ（会場笑）。

B――（笑）ありがとうございます。

高杉晋作　菅さんには、嘘がたくさんあるけれども、特に、「脱官僚《だつかんりょう》」と言っておきながら、今、完全に官僚に支配されてるよね。

彼は財務大臣をやったけれども、何も用意がなかったから、まったく分からなかったんだろう？　経済について勉強しておらず、まったく分からないので、結局、官僚の言うとおりにやるしかなかったんだ。それで、官僚に使われているんだよね。

それから、外交が全然分からないんだろう？　まあ、鳩山さんも分からなかったので、これは「外交が分からない総理パート2《ツー》」だね。

だから、菅さんも、外交できっと変なことを言うよ。G7《ジーセブン》（先進七カ国首脳会議）とか、G8《ジーエイト》（主要八カ国首脳会議）とかに行っても、「日本とは、話をしてもしかたがない」と言われて、だんだんに外されてくるからね。

「日本の首相は、来てもしかたがないでしょう。あとから、別途、外務省経由で連絡《れんらく》が行きますから」というような感じに、だんだんなると思うよ。きっと、頭越しでやられるようになっていくと思う。

財政・外交ともに駄目だったら、もう、宰相《さいしょう》としては、基本的に駄目だと思うね。これは、やはり駄目だと思う。こういう人にお金を渡《わた》しても駄目なんだよ。

基本的に、お金を預けたら、本当に国を豊かにしてくれる人、発展させてくれる人であれば、税金を納めてもいいと思うよ。きちんと分かっている人だったらいい。

だけど、菅さんのような人に、いくら税金を納めても、全部、使ってしまうよ。ばら撒《ま》いてしまう。要するに、次の富を生まないものに、ばら撒いていく。だから、こういう人に金を渡しては駄目なんだよ。こういう人は、「最貧生活がいい」と言う人だと思うね。

菅氏の発想の元にあるのは「国家への恨《うら》み」

この人には、基本的に、何かがあるよ。何か、そういう自虐的《じぎゃくてき》なもの、マイナスのものがある。

これは前世《ぜんせ》と関係があるのかもしれないけれどもね。前世で、最後に、本当にヘビやカエルを食べて暮らしたのが、「最小不幸社会」の原点かもしれない。

「マグロの缶詰《かんづめ》が食べたかった」とか、「肉の缶詰が食べたかった」とか、これが、前世での人生最後の思いだったかもしれないよね。

あるいは、水が飲みたかったかもしれないし、「ここのヘビは痩《や》せててまずい」とか、「ここのイモリはおいしくなかった」とか、この人の前世は、そういう最期だったかもしれないのでね。

まあ、私たちは、維新《いしん》で死んでも、そんなにみっともなくはないよ。志はずっと高いからね。

この人は、「前世、サイパンで死んだ」と言われているけれども、下《した》っ端《ぱ》の軍人で、たぶん、最後は国家を恨《うら》んで死んだのだろうし、「不幸だった」と思っていただろう。

だから、彼の発想は、おそらく、そのあたりから来ているだろうし、最小不幸社会とは、刑務所の待遇《たいぐう》をよくする程度の仕事かもしれないので、「それでは、政治としては駄目ですよ」ということは、やはり言ってほしいな。
まあ、昨日のサッカーの試合（日本対パラグアイ戦）を徹夜で見た人も多いかもしれないし、残念な結果ではあったけれども、日本はぎりぎりで負けてしまった。

これは、「菅政権を勝たせないために負けてくれたのだ」と私は思うんだな。ああいうものは、勝つと、それに便乗して、〝ご祝儀相場《しゅうぎそうば》〟で、何となく支持率が上がったりすることがあるので、天の配剤《はいざい》によって、「申し訳ないが、ぎりぎりで負けてくれるか」ということになったような気がするな。

勝ったり、優勝してしまったりすると、突如《とつじょ》、内閣支持率がバーッと上がってしまうので、困るんだよ（会場笑）。

そういうわけで、サッカー選手には申し訳ないけれども、あらぬ力が働いて、蹴《け》った球が、何かフワッと浮《う》いて、ゴールから少しだけずれたりしたかもしれないね（会場笑）。

ええ。そんな感じがするよ。だって、勝っていたら〝ご祝儀〟が出て、支持率が上がってしまうからね。

B――　そうですね。さすが〝腕《うで》〟がいいですね。

高杉晋作　うん、そう、そう。

球が外れるように、ちょっとだけ操作すればいいことだからね。少し力ませたらいいんだろう？　そうすれば、外れるものね。そういうことをしている人がいるかもしれないよ（会場笑）。

私じゃないからね。私じゃない。奇策と言えば、そういうものを奇策と言うのかもしれないが（会場笑）。

4　参院選後の次の一手とは

B――　もう一つ、質問させていただきます。

前回の霊言（『菅《かん》直人の原点を探る』第2章）では、「しっかり考えて、長く戦っていかなければならない」というお話をいただきました。私たちも、今回の選挙は、もちろん全力で戦った上で、次の一手、また、その次の一手を、ずっと打っていかなければならないと思っております。

また、前回の霊言での高杉先生の読みとしましては、「民主党は、総理の首の挿《す》げ替《か》えだけで済ませ、次の衆院選まで解散せずに、けっこう引っ張るかもしれない」ということをおっしゃっていましたが、私たちは、その間、打倒《だとう》民主党政権に向けて、正々堂々、言論戦で、しっかり戦っていかなければならないと思っております。

そこで、打つべき手として、例えば、来年四月に統一地方選がありますので、そこで市町村の議員をしっかり固めておくと、それがいわゆる組織票の土台となって、次の衆院選の弾《はず》みにもなるのではないかということも考えております。

私たちが、今回の選挙を踏《ふ》まえて、打つべき次の一手、また、その次の一手まで見通すためのアドバイスがございましたら、お願いいたします。

地方選で迂回《うかい》するより、〝本丸〟を攻《せ》め続けよ

高杉晋作　そうだねえ。でも、気をつけないと、兵線が広がりすぎるよ。

それから、国政選挙でなかなか勝てないために、どんどん下へ下がっていって、「町長選で勝った」とか、「町議選で勝った」とかいうことばかりし始めると、あ

まりにも下のほうに下がっていく感じが出てきて、志が下がることもあるんでね。まあ、地方も大事だから、それはやらなければいけないかもしれないけれども、あまり志は下げないほうがいいんじゃないかなあ。

少なくとも、国会議員のほうを押《お》さえないと、いわゆる「政党」にはなれないんだろう？　だから、これは絶対に取らなければいけない。

まあ、手ごろな人がいれば、出てもいいとは思うし、「職業としての政治家を数多くつくる」という手もある。創価学会のように、地方のほうから押さえていくという手も、もちろんあるだろう。下から下から上げてきて、最後に、国会のほうへ攻《せ》めていくという戦い方だ。

ただ、あの団体は政治を五十年もやっているんだからね。それで、支持率が三パーセントとか四パーセントとか、まあ、そのくらいしか行っていないんだろう？

あなたがたは、最初から本丸を攻めているんだよ。最初から、天守閣を攻めているんだ。

まあ、それは、宗教の違《ちが》いだろうとは思うのでね。だから、私はどちらでもいいと思うけれども、幸福の科学のプライドからいけば、本丸を攻め続けるのも悪くないとは思うよ。

地方選も、出てはいけないとは言わないけれども、「まずは地方のほうで勝って、次に、国政のほうをやりましょう」というようにすると、少し迂回《うかい》がすぎるかもしれないね。

だから、出てもいい。出てもいいけれども、創価学会式の、「まず、地方のほうで勝って、それから、勝ち上がりましょう」というやり方は、残念ながら、尻《しり》すぼみの方向になっているね。

まあ、そのようになるのだったら、やはり、政党のトップを、もっと若返らせたほうがいいと思うね。若い人にやらせて、もっと命知らずのタイプの人を立てていったほうが、むしろ、いいと思う。

年を取ると、保守的になるのでね。やはり、負けが続くのを怖《こわ》がって、実績をつくりたくなってくるので、もし、みんなが、そういう守りのほうに回っていくようだったら、新しい政党としての勢いが死んでしまう。

それであれば、もっと命知らずの人、華々《はなばな》しく戦いたいタイプの人を募集《ぼしゅう》して、出していったほうが、私はいいと思うね。

少し、ほかの政党のほうを気にしすぎているかもしれないので、ここ独自の戦い方をしたらいいと私は思う。

政党と宗教本体との「相乗効果」で発展する

まあ、今回戦ってみて、あまり逃《に》げるようなタイプの人は、少し間引《まび》いたほうがいいと思うよ。やはり、「戦いたい」という、主戦論を説く人を中心にやっていくべきだと思うし、新しい人材は次々に出てくるよ。

戦《いくさ》というのは、やはり、斬《き》り死にしていかなければ駄目《だめ》なんだよ。斬り死にしていくから、新陳代謝《しんちんたいしゃ》が起きるんだ。だから、それは、やらなければいけない。

「選挙に負けて、やる気がなくなった」と言うなら、「別に、降りてくれて結構です。新しい人を出しますから」ということで構わないと私は思うよ。

次から次へとチャレンジしていったらいいんだよ。やるべきことは、まだまだ、いくらでもある。まだまだ、本格的な革命になっていない。まだまだ、そこまで行っていない。みんな、甘《あま》いな。まだ、背水の陣《じん》までは行っていないね。

あなたがたにも、「親方日の丸」で、「勝とうが勝つまいが、別に飢《う》え死にしない」と思っているところが、少しあるよ。あなたがたも、飢え死にするとなったら、必死になるけれども、〝最小不幸社会〟を生きているところが、少しあるね。

あとは、政治をやっている間に、宗教の本体のほうが、「やはり、これではいけない」ということで、もう一段の力をつけなければいけなくなってくる。「支部の組織網《そしきもう》を固めて、やはり、平素から伝道をしっかりしておかなければいけない」というように、みんなの意識が変わってきていると思うんだね。

このように、両方からの相乗効果はあると思う。だから、あなたがたは、敗れるなら、派手に敗れても構わないと思うんだよ。

それは、支部の人たちに対して、非常にいい教訓になる。「われわれの日頃《ひごろ》の伝道がしっかりしていなかったために、こんな結果になった。次の選挙では、恥《はじ》をかかないように、やはり、もっと伝道をしておかなければいけない。拠点《きょてん》も、もっと欲しい」と思うようになる。

これは、宗教的には発展の形態だよね。

つまり、あなたがたが勝とうが負けようが、宗教的には、必ず、成長する原動力になると、私は思うね。

いざというときに、この国を救うのは幸福実現党である

だから、あまり、下へ下へと行かないほうがいいと思うよ。やってもいいけれども、やはり、意気込《いきご》みが落ちてくるからね。

もし、本当に下のほうから出るのなら、若い人が、初めてチャレンジする練習のようなつもりで出るのはいいかもしれないけれどもね。

あなたのように、全国で名前を売った人が、町議選なんかに出るんじゃないよ（会場笑）。出ちゃいけないよ。それはイメージダウンだよ。

そんなことをするぐらいだったら、切腹したほうが、よほど宣伝になるからね（会場笑）。やはり切腹だよ。どうせなら、テレ朝か何かの前で、切腹でもしたほうが、よほど宣伝になるからさ（会場笑）。やはり、男のプライド、矜持《きょうじ》を捨て

てはいかんぜ。

人間としての目指すべきランクというものがあるからな。だから、勝てばいいというものではないぜ。それは、先ほど言ったように、「横綱《よこづな》を目指している人は、最初から違う」というところだな。

だから、いいじゃないか。創価学会は下から勝ち上がってきたのだろうけれども、幸福実現党は最初から第一党を取りに行ったんだろう？　これは、すさまじいプライドだよな。見たことがないよな。まあ、「お笑い」には見えるかもしれないけれども、本気だから怖いところはあるわな。

でも、本当に、政権が行き詰《づ》まってきたとき、自民党でも民主党でも、本当に駄目になったときには、そうは言っても、「幸福実現党、頑張《がんば》ってくれ！」という声が来るよ。「いざというときには、この国を救いますよ」という姿勢を示したんだからね。

そりゃ、世間は笑うと思う。しかし、例えば、北朝鮮《きたちょうせん》なり中国なりが、本当に態度を変えてきたとか、日本とアメリカとの関係が本当に崩《くず》れてきたとか、日本の経済が、言っていたとおり、本当にナイアガラの滝《たき》を落ちるような感じになってしまったときにどうするか。

でも、彼らは、たいてい、そのようにやってしまうからね。

だから、「またしても、幸福実現党が言っていたとおりになった」ということになってきたら、やはり、最後にすがるところが、どこかに必要になる。そのときのための幸福実現党なんだよ。「いざというときは、やりますよ」ということだね。

B――　「まさかのときの幸福実現党」ですね。

「公開霊言」シリーズ【維新編】

維新の心

公開霊言
木戸孝允・山県有朋・伊藤博文

リアリスティックに、戦略的に、ユーモラスに──明治維新を成し遂げ、近代国家をつくりあげた長州藩の三傑が、新たなる維新を志す者たちに辛口アドバイス。 1,365円

勝海舟の一刀両断!

霊言問答・リーダー論から外交戦略まで

勝海舟が現代に甦り、日本の政治外交を一刀両断! 人物の見抜き方、マスコミ論、日本開戦の警告…。天才戦略家の知性が冴えわたる! 1,470円

西郷隆盛 日本人への警告

この国の未来を憂う

もう一度、維新を── 西郷隆盛が、ふたたび日本の未来を切り拓くために降臨した。いま必要なのは、革命ではなく、国づくりである。地の底より甦れ、日本! 1,260円

一喝! 吉田松陰の霊言

21世紀の志士たちへ

君、命惜しむなかれ── わずか29年の生涯で、明治維新の立役者たちを育てた“魂の教育者・吉田松陰”が、21世紀の志士たちに、新たなる革命のはじまりを告げる。 1,260円

龍馬降臨

幸福実現党・応援団長
龍馬が語る「日本再生ビジョン」

事実は事実。真実は真実。2010年1月6日、坂本龍馬の180分ロングインタビュー(霊言)を公開で緊急収録。国難を救い、日本を再生させるための戦略が熱く語られた! 1,365円

「公開霊言」シリーズ【政治編】

保守の正義とは何か

公開霊言 天御中主神・昭和天皇・東郷平八郎

この国を司る、神々の本心がここに——日本神道の中心神が「天皇の役割」を、昭和天皇が「先の大戦」を、日露戦争の英雄が「国家の気概」を語る。 1,260 円

最大幸福社会の実現

天照大神の緊急神示

「最小不幸社会」など神々は望んでおりません。天照大神の「救国の言葉」が響き渡る。日本の主宰神、ここに降臨。 1,050円

菅直人の原点を探る

公開霊言 市川房枝・高杉晋作

菅首相の政治的ルーツである、市川房枝と、尊敬する政治家、高杉晋作に、衝撃の特別インタビュー！ 菅首相の理想と本心が明かされる。1,260円

国家社会主義とは何か

公開霊言 ヒトラー・菅直人守護霊・胡錦濤守護霊・仙谷由人守護霊

新首相と官房長官の本音を探るべく、守護霊インタビューを敢行！ 菅直人と仙谷由人の本音とは。 1,575 円

マルクス・毛沢東のスピリチュアル・メッセージ

衝撃の真実

共産主義の理想と真実 — 思想家として、革命家として、地上世界を変えた二人は、現在、「あの世」で何を考え、どう生きているのか？ 歴史的カリスマの実像に迫る。 1,575 円

マッカーサー戦後65年目の証言

マッカーサー・吉田茂・山本五十六・鳩山一郎の霊言

アメリカの参戦、原爆投下、東京裁判、そして憲法改正 — GHQ最高司令官マッカーサーの霊言により明らかになる真実。戦後日本の大物政治家の霊言も収録。 1,260 円

日米安保クライシス

丸山眞男 vs. 岸信介

日本にとって「60 年安保」とはなんだったのか。その思想的対立の 50 年後の真実が、両陣営を代表する当事者の公開霊言対決により明らかとなる。 1,260 円

民主党亡国論

金丸信・大久保利通・チャーチルの霊言

民主党政権を倒し、防衛を強化しなければ、日本は中国に攻撃される！ 大物政治家たちの霊が日本の滅亡を警告。 1,260 円

高杉晋作　そうなんだよ。

政治がうまくいっているのなら、別に、宗教が政党をやる必要はない。しかし、政治を見ていて、あまりにも下手なので、「このままでは、この国が危ない」と見て、政党をつくっているわけだから、その志は、やはり持っていたほうがいいよ。

自民党や民主党で、うまく発展していくのなら、別に、宗教活動だけでいい。政治活動をする必要はないし、矛《ほこ》を納めてもいいと思うよ。

ただ、「もう見ていられない。滝壺《たきつぼ》に落ちるかもしれない」と思うから、言っているのでね。

でも、去年から活動を始めたことで、沖縄《おきなわ》の普天間《ふてんま》基地問題も、あれだけ騒《さわ》いでいたのを、きちんと収めたんじゃないか。そうは言っても、幸福実現党の力は大きかったよ。

「『民主主義的には、沖縄県民の意思が大事である』とか言っているけれども、そんなことは関係ありません。国家対国家の関係のほうが優先です」と、激しく言ったことが、やはり、けっこう効いたと思う。

この優先順位をつけることさえできないレベルの政治家たちを、きちっと叱《しか》ったわけだから、大川隆法総裁も国師《こくし》として仕事をしたし、あなたがたも、そういう仕事をしたのだろう。やはり、そうでなければいけないわな。

国がうまくいっているなら、別に、あれほど熱心に政治活動をやる必要はない。しかし、まだ危険な状態で、まだまだ十年ぐらいは目を離《はな》せないので、「大チョンボをしたら、いつでも取って代わるぞ」という圧力はかけなければいけない。

そのように、国民に選択《せんたく》の余地を与《あた》えることは大事だね。

5　高杉晋作の過去世《かこぜ》

B――　今日は、本当に貴重なお時間をいただき、ありがとうございました。

この『菅《かん》直人の原点を探る』の高杉先生の霊言《れいげん》からも感じましたし、今日の「王道を歩み、横綱相撲《よこづなずもう》を取るべし」というお話などからも感じさせていただいたのですが、先生は、非常に冷静、かつ、大きな器《うつわ》を持った魂《たましい》であられると思います。

そこで、最後に、高杉先生の魂というのは、どのようなご存在なのかについて、お聴《き》かせ願えませんでしょうか。

高杉晋作　ハ、ハ、ハ、ハ、ハッ。

B――　エル・カンターレ系霊団のなかでのお立場ですとか、天上界でのお仕事ですとか、差し支えなければ、ぜひお伺《うかが》いしたいという気持ちを、みな、持っておりますので。

高杉晋作　まあ、直前に、坊《ぼう》さんは一つ入っている。高杉の前は坊さんだ。創価学会を生んだ日蓮宗《にちれんしゅう》の敵になった坊さんで、鎌倉《かまくら》でやっていた。日蓮があまり批判したので、今は少し悪者になっているけれども、忍性《にんしょう》という坊さんがいて、鎌倉にお寺がある。

でも、本当は、道路をつくったり、橋を架《か》けたり、病院をつくったり、ずいぶん社会事業をやったんだよ。そういう意味で、政治家的な仕事をした坊さんだな。

いやあ、こういう言い方は、ちょっと口幅《くちはば》ったいけど、当時としては、一種の「国師《こくし》」であったんだ。

まあ、そういう、国家の公共工事の指揮を執《と》れるような、空海《くうかい》のような面があったのでね。人望はあったんだよ。だから、日蓮が、それに嫉妬《しっと》して、ギャアギャア言っていたので、歴史的には、今、少し不当に扱《あつか》われているけれども、それが、まあ、直前世《ちょくぜんせ》だな。

もっと前で言うと、やはり、英雄《えいゆう》として出ているよ。一つ、英雄で出ていて、三国志の時代に中国に生まれている。

まあ、あなたがたが好きかどうかは、ちょっと分からないなあ。好きかなあ。どうかなあ。

いや、大きいほうの国の武将だったものだから……。

B――　魏《ぎ》ですか。

高杉晋作　そうです。魏のほうの武将だったんです。魏の将軍の一人です。だから、あなたがたが好きかどうかは知らないけれども。まあ、創価学会は、蜀《しょく》の国のつもりで、八王子に建物を建てているようだから、魏でもいいじゃないか（会場笑）。

あなたがたは、位置としては呉《ご》の国なんだろうけどな。中心が東京南部だから、呉の位置なんだろう。

私は、魏のほうの将軍をやっていて、まあ、十分、名をあげた将軍の一人ではある。

B――　お名前をお聴かせいただけますでしょうか。

高杉晋作　ああ、それを訊《き》くか。うーん……。まあ、夏侯惇《かこうとん》と言えば分かるかな。

B――　今、「夏侯惇かな」と思っていたところです。

高杉晋作　ああ、分かった？　でも、夏侯惇は負けたこともあるからな。まあ、あまり言いたくなかったな（会場笑）。いつも勝っていたわけじゃないから。まあ、でも、わりあい強かったほうではあるよ。うん。

B――　ありがとうございました。

頑張《がんば》ってまいりますので、今後ともご指導よろしくお願いいたします。

高杉晋作　まあ、頑張ろうよ。な？　あなたも立派な人だと思うよ。きっと、隠《かく》された過去世《かこぜ》が出てくるよ。「実は、ローマ皇帝《こうてい》だった」とか。アハハハッ。そのうち、出てくるかもしれないからな。

司会　はい。今日は、本当にありがとうございました。

高杉晋作　はい、はい。どうもご苦労さまでした。

第二部

二〇一〇年七月一日
新潟県・幸福の科学 新潟正心館にて

第3章

幸福実現党の心

1 立党一周年を迎《むか》えた幸福実現党

幸福実現党は「最大多数の最大幸福」を目指して立党した

新潟《にいがた》本部のみなさん、こんにちは。

最初に、幸福実現党が立党一周年を迎《むか》えたことを受けまして、「幸福実現党の心」と題し、われらの考えていることや目指すところについて、簡単にお話ししたいと思います。

昨年（二〇〇九年）の五月に幸福実現党を立ち上げたのですが、決して、「最小不幸社会」をつくるために立ち上げたのではありません。この国の人たちに、もっともっと発展・繁栄《はんえい》をしていただくために、やはり、「最大多数の最大幸福」

を目指して立ち上げたものなのです。

既成《きせい》の宗教政党に任せておいてよいのなら、結構なことなのですが、実際には、そうはいかない状況《じょうきょう》にあります。

また、「自民党政権では、もう、うまくいかなくなった。二大政党の交代制というかたちで民主党政権になれば、すべてがよくなる」というような言い方が、昨年はマスコミの基本論調であったのですが、「民主党という政党の基本構造というか、中心メンバー等を見るかぎり、政権交代が起きたら、この国は、さらに悪くなる」という予想を、私は立てていました。

そこで、いささか性急ではありましたが、民主党政権ができる前に幸福実現党を立党し、かなり厳しく批判を展開しました。

鳩山《はとやま》内閣は、発足時《ほっそくじ》には七十数パーセントも支持率があり、普通《ふつう》、このくらいの支持率があると、三年ぐらいは政権がもたなければおかしいものなのですが、結果として、八カ月半ぐらいで退陣《たいじん》することになりました。

その間《かん》、各方面から、「幸福実現党の言っているとおりになってきた」というようなことを、かなり言われました。これは、マスコミ関係者からも言われており、去年の十二月ごろからは、そういう声がかなり強くなりました。

産経新聞グループからは、幸福実現党の党首が執筆《しっぴつ》したコラムの連載《れんさい》（「フジサンケイ・ビジネスアイ」）や、広報本部長代理のコラムの連載（「夕刊フジ」）などの機会をいただきました。

また、テレビでは、ＢＳ11《イレブン》で、幸福の科学製作の番組（「未来ビジョン　元気出せ！　ニッポン！」）が今年の四月から放映を開始しています。

このように、少しずつ主張が認められつつあります。

ＢＳ11で放映している番組は、四月の頭に始まったのですが、内容がよく、一カ月で視聴率《しちょうりつ》（聴取世帯数《ちょうしゅせたいすう》）が四倍ぐらいに伸《の》びました。

そのため、幸福実現党の党首が、特別に、「INsideOUT（インサイドアウト）」という生番組に呼ばれて出演しました。

幸福実現党は、これまで、「政党要件を満たしていない」ということを盾《たて》にされ、テレビ番組に出していただけなかったのですが、「視聴率が一カ月で四倍になった」という理由で、それに出していただきました。その結果、もう一度、声がかかって、翌週、再び生出演をすることになったのです。

このように、じわじわと攻《せ》めつつあります。もう一歩です。薄《うす》い半透明《はんとうめい》の膜《まく》を破れば、既成の政党と同じく、政党要件を満たした政党の範囲《はんい》のなかに入れる直前まで来ています。

幸福実現党には、今、国会議員が一人います。幸福実現党に賛同された参議院議員が加わりました。

したがって、幸福実現党は、国政選挙において、全国で二パーセントの得票率を得れば、政党要件を満たし、法人格を持った政党として認められるのです。

そうなると、マスコミも、例えば、日曜日などの政党討論番組に出さざるをえなくなるわけですが、この広告効果は、そうとう大きいのです。

テレビに出て直接に話ができたり、新聞の一面に政党名で取り扱《あつか》ってもらえたりしないと、このハンディは、やはり、そうとうなものです。幸福実現党は、現在、選挙戦において、何倍もの力が必要になっているのだと思います。

今は「国師《こくし》・大川隆法」という言葉で大手新聞に広告が出せる

ただ、次第しだいに私の主張は通じてきています。

この一年間で私が言ってきたことの多くは実現しましたし、また、マスコミの鳩山政権批判の元ネタにもなりました。

今回は、菅《かん》政権批判が非常に早く始まっていますが、マスコミの批判の元ネタ

料金受取人払郵便

荏原支店承認

1052

差出有効期間
平成24年9月
30日まで
(切手不要)

1 4 2 - 8 7 9 0

4 5 6

東京都品川区
戸越1丁目6番7号

幸福の科学出版(株)
愛読者アンケート係 行

フリガナ お名前	男・女	歳
ご住所 〒 都道府県		
お電話 (　　　) ー		
e-mail アドレス		
ご職業 ①会社員 ②会社役員 ③経営者 ④公務員 ⑤教員・研究者 ⑥自営業 ⑦主婦 ⑧学生 ⑨パート・アルバイト ⑩他 (　　　)		

ご記入いただきました個人情報については、同意なく他の目的で使用することはございません。ご協力ありがとうございました。

愛読者プレゼント☆アンケート

『救国の秘策』のご購読ありがとうございました。今後の参考とさせていただきますので、下記の質問にお答えください。抽選で幸福の科学出版の書籍・雑誌をプレゼント致します。（発表は発送をもってかえさせていただきます）

1 本書をどのようにお知りになりましたか。

①新聞広告を見て［朝日・読売・毎日・日経・産経・東京・中日・その他（　　　　　　）］
②その他の広告を見て（　　　　　　　　　　　　　　　　　　　　）
③書店で見て　④人に勧められて　⑤月刊「ザ・リバティ」を見て
⑥月刊「アー・ユー・ハッピー？」を見て　⑦幸福の科学の小冊子を見て
⑧ラジオ番組「天使のモーニングコール」「元気出せ！ ニッポン」を聴いて
⑨BSTV番組「未来ビジョン」を視て
⑩幸福の科学出版のホームページを見て　⑪その他（　　　　　　　　　　）

2 本書をお求めの理由は何ですか。

①書名にひかれて　②表紙デザインが気に入った　③内容に興味を持った
④幸福の科学の書籍に興味がある　★お持ちの冊数＿＿＿＿＿冊

3 本書をどちらで購入されましたか。

①書店（書店名　　　　　　　　　　）②インターネット（サイト名　　　　　　　　　　）
③その他（　　　　　　　　　　）

4 本書へのご意見・ご感想、また今後読みたいテーマを教えてください。

（なお、ご感想を匿名にて広告等に掲載させていただくことがございます）

5 今後、弊社発行のメールマガジンをお送りしてもよろしいですか。

はい（e-mailアドレス　　　　　　　　　　　　）・いいえ

6 今後、読者モニターとして、お電話等でご意見をお伺いしてもよろしいですか。

（謝礼として、図書カード等をお送り致します）

はい・いいえ

弊社より新刊情報、DMを送らせていただきます。
新刊情報、DMを希望されない方は下記にチェックをお願いします。

DMを希望しない □

は、ほとんどが私の著書です。それが発刊されるや否《いな》や、マスコミは、それを読んで、特集を組んでいる状態なので、かなりの影響力《えいきょうりょく》は出ています。

そして、大手の新聞の広告等では、「国師《こくし》・大川隆法　公開霊言《れいげん》シリーズ」という言葉を使いましたが、「国師」で出していただいて、まことにありがたいことです。

もちろん、宗教を信じていない人、あるいは、宗教を信じてはいても、幸福の科学に反対の人もいるので、そういう広告を掲載《けいさい》することが批判されたりすることもあるだろうとは思います。

しかし、そうした批判があるとしても、大手の新聞に、「霊言集」や「国師」という言葉を使って広告を載《の》せ、人々を納得させるだけの世界的な実績と信用が、今、幸福の科学には付いてきているのです。

今年の春には、「学校法人幸福の科学学園中学校・高等学校」が開校しました。

幸福の科学大学の設立も目指しています。さらに、今、政党要件を満たし、法人格を持った政党づくりを目指しているわけです。

宗教法人、学校法人、それから、法人格を持った政党を持つと、かなり幅《はば》広い活動ができるようになって、多くの人々の幸福を具体的に実現することができるだろうと思います。

学校のほうでは、教育の模範《もはん》を示すことができると思います。

宗教としては、人生修行のあり方や人としての心の持ち方、来世《らいせ》のあり方や考え方についての伝道をしています。

政治活動においては、地獄《じごく》に堕《お》ちる人、迷う人、苦しむ人をつくらないためにも、「そうした苦しみの種をつくらず、また、現実に幸福感を味わえる社会をつくる」という具体的な努力をしておくことが大事だと考えています。

幸福の科学は、立宗《りっしゅう》当初より、「この世とあの世を貫《つらぬ》く幸福」ということを掲《かか》げています。宗教にとって非常に難しいことではあるのですが、「この世とあの世を貫いて幸福を実現する」ということを訴《うった》え続けているのです。

「あの世の幸福」を説く宗教はよくあるのですが、「この世の幸福」のほうは、この世において結果が出てくるので、言いにくいところはあります。

唯一《ゆいいつ》、それが言えるのは、「病気治し」等で現象が起きたようなときです。ただ、当会の場合は、そうした「病気治し」で実際に病気が治る現象等が起きているだけではなく、〝予防効果〟をも考えているわけです。

毎年、会社が、一万五千社以上、二万社近くも倒産《とうさん》して、失業者が出ています。それによって、自殺者も出れば、精神的におかしくなる人や、迷って地獄霊になる人も出てきますし、家庭にも、いろいろな問題が起きるわけです。

したがって、国家の基本的な経済戦略は非常に大きな影響力を持っています。

また、外交戦略を間違えば、日本が再び戦争に巻き込《こ》まれ、国難が降りかかってくることもあるのです。

現在、日本は、中国との取り引きも非常に大きくなってはいますが、「中国の軍事費は、ここ二十年あまりで二十倍にも増大している」という現状に対して、今の民主党政府は、まったく能天気な状態です。

やはり、政治家というものは、国民が何も考えなくてもいいように、常に、あらゆる事態について頭をめぐらせておくべきだろうと思います。

日本に一つのモデルをつくり、諸外国にも未来の生き筋を教える

さらに、幸福実現党は、未来戦略として、リニア新幹線等による交通革命、宇宙産業やロボット産業の創出など、いろいろなことを言っています。

本日、私は東京から新潟まで新幹線で来ましたが、「東京から新潟まで来て日帰りができる」ということは、まことにありがたい話です。こういうことは、昔

なら絶対にできないことです。

結局、交通の発達によって、やはり、仕事のできる範囲が広がっています。

今、新幹線だと、東京―新潟間の所要時間は二時間程度ですが、リニア新幹線であれば、これが三十分になります。東京から新潟まで三十分で来られると、今よりも、もっと楽です。また、新潟県のみなさんも、東京まで三十分で行けるようになるのです。

これは、いずれ、誰《だれ》かが必ずやらなくてはいけないのです。この「日本中をリニア新幹線で結ぶ」ということを、誰かがやらなくてはいけないのですが、これは、やる人に、そうとうの力がなければできません。

このリニア新幹線は、未来においては絶対に実現することですが、強い後押《あとお》しがなければ、できないことなのです。

しかし、今から訴えていれば、やがて実現すると思います。

今の政府のようなケチケチ路線だけでやっていたら、大変なことになります。

今、ヨーロッパのほうも、景気が後退し、非常に暗雲がたなびいてきているので、日本が、ケチケチ路線になって、緊縮《きんしゅく》財政を目指していくと、もう一回、世界不況を呼び込む可能性があるのです。今、そういう時期に来ています。

したがって、「菅首相の舵取《かじと》りでは非常に危うい」と私は思っています。

日本は、やはり、成長を目指して踏《ふ》み出さなくてはいけません。萎縮《いしゅく》して、「ギリシャのようになるぞ」と言っているうちに、本当にそのようになったら、どこも救えなくなります。日本が欧米《おうべい》の危機を救うためにも、今の経済方針では駄目《だめ》だと思います。

幸福の科学は、全人類の救済のために、宗教の枠《わく》を超《こ》えて、さまざまな活動を行っています。

そして、「日本に一つのモデルをつくり、諸外国にも未来の生き筋というものを教えたい」というのが私の願いです。そのために活動しているのです。
どうか、ご理解をいただきたいと思っています。

2　今、政治に宗教家の力が必要である

空海《くうかい》や行基《ぎょうき》は政治的にも大きな役割を果たした

「政教分離《ぶんり》」という考えもあるでしょうが、それを主張することは、例えば、「弘法大師《こうぼうだいし》空海《くうかい》が満濃池《まんのういけ》を修築した」ということについて、「それは宗教家にあるまじきことだ」と言っているようなものだと思います。「宗教家が、なぜ、そういうことをするのだ。宗教家が公共工事を指揮するなんて、もってのほかである。宗教家はお経を唱えていたらよいのだ」と言っていることに当たると思うのです。

しかし、彼は、実は留学先の唐《とう》で工学なども勉強してきています。そういう知識や能力を持っていたために、彼は築堤《ちくてい》ができたのです。そういうことがあります。

また、行基菩薩《ぎょうきぼさつ》も、政治的な役割を果たしています。時の政府は、東大寺《とうだいじ》に大《だい》仏殿《ぶつでん》を建てるに当たり、資金集めで行基の力を借りています。彼には、信仰《しんこう》だけではなくて、現実的な力もあったため、「民《たみ》からお金を集める」という勧進《かんじん》運動をしてもらっています。

そういう役割を、宗教家は、かつて果たしてきたものなのです。

今、そういう力が必要な時が来ていると思います。

霊言《れいげん》は秘儀《ひぎ》であり、いろいろな所で行うべきものではない

田中角栄という人は、非常に大きな力を持っていた政治家ですが、確か本家は

空海の真言宗《しんごんしゅう》だったと思います。そのご縁《えん》は働いていると思っています。

『景気回復法』（幸福の科学出版刊）という、「田中角栄の霊言《れいげん》」が収録された本は、先日、仙台《せんだい》で講義したのですが、「田中角栄さんの霊にとって、仙台では、やはり、ちょっと面白《おもしろ》くなかろう」と思います（会場笑）。やはり、新潟《にいがた》でなくては感じが出ないでしょう。

今日は、せっかく新潟まで来たので、このあと、田中角栄さんの霊を招霊《しょうれい》し、公開霊言を行いたいと思います。田中角栄さんの霊に、ここで、一つ、日本のあるべき姿について話をしてもらえればと思っています。

今回は特別です。「公開霊言を〝外《そと》〟で行うのは、もうそろそろ、これで最後にしよう」と私は考えているのです。

霊言は秘儀《ひぎ》なので、あまり、いろいろな所で行うべきものではありません。幸福の科学の総合本部か宗務《しゅうむ》本部で行うのはよいのですが、あまり、それ以外の所で行うべきものではないのです。

したがって、〝特別サービス〟を今から行います（会場拍手《はくしゅ》）。現在の予定では、外での公開霊言は、これが最後です。もし、強力な念波が、どこかから来た場合には、また行う可能性もありますが、今のところ、これで終わるつもりであり、あとは通常の説法しかしないつもりです。

第4章

田中角栄との対話

田中角栄《かくえい》（一九一八〜一九九三）

新潟県《にいがたけん》出身の政治家で、第64・65代内閣総理大臣（在任一九七二〜一九七四）。「日本列島改造論」を掲《かか》げ、五十四歳《さい》の若さで首相に就任し、「日中国交正常化」などを果たす。高等教育を受けていないにもかかわらず、首相に上り詰《つ》めたことから「今太閤《いまたいこう》」と呼ばれた。過去世《かこぜ》は戦国大名の斎藤道三《さいとうどうさん》。

［質問者二名は、それぞれC・Dと表記］

1　田中角栄は、戦後の日本が生んだ「天才政治家」

大川隆法　田中角栄という方は、新潟《にいがた》が誇《ほこ》る政治家の一人です。戦後の日本が生んだ政治家のなかで、「天才政治家」という名前を付けられる方の一人だと思います。

政治家で「天才」と名が付く人は数少ないですが、この人は間違《まちが》いなく「天才」と付くタイプの方です。

この人は、毀誉褒貶《きよほうへん》のある方であり、好きな人もいれば、嫌《きら》いな人もいると思うのですが、私は、どちらかというと、人間的には好きなタイプなのです。

今、自民党はまだ健在であり、この人は自民党の総裁として首相をした方でもあるので、実際は、そちらに出なければいけないのかもしれません。

また、娘夫婦《むすめふうふ》は、民主党のほうで活躍中《かつやくちゅう》なので、立場上、若干、具合が悪いかもしれません。

しかし、「それはそれ。これはこれ」です。

真理の世界においては、この世の党派や肉親の情を断ち切って、この国を救うために語っていただくことは決して悪いことではないと思います。

そういう天才政治家のお言葉を伺《うかが》うことは、日本国民にとって大事なことではないでしょうか。党派心《とうはしん》を超《こ》えて、国を救うために、ご意見をいただければありがたいと考えております。

それでは、始めます。


（約十秒間の沈黙《ちんもく》ののち、深呼吸を二回行う）

田中角栄元総理の霊《れい》よ。田中角栄元総理の霊よ。

幸福の科学新潟正心館《しょうしんかん》に降りたまいて、われらに、この国のあるべき姿、政治のあるべき姿、今、活動している政治家に期待すること等をお教えください。われらの導きの光となっていただきたく、お願い申し上げます。

田中角栄元総理の霊よ。どうか、われらをお導きください。

（約二十秒間の沈黙）

田中角栄　うーん、ああ、また呼ばれたか（会場笑）。ああ、新潟だからねえ。まあ、わしが出んといかんわな。ハッハハハ。

2　政治家として「人気」を得る方法

司会　田中角栄先生、再びご指導いただけますことを、心より光栄に存じます。

田中角栄　ああ、いや、うれしいよ。呼んでくれてうれしいよ。うん。うん。

司会　ありがとうございます。

田中角栄　墓参りの季節かなあ（会場笑）。ちょっと早いかな？　ハハ。

司会　はい、田中角栄先生の地元、新潟《にいがた》にて、本日も、日本救国のアドバイスをいただきたいと思います。

田中角栄　ああ、君、いい言葉を使うなあ。「救国」と言われると、もう「民主党だ」とか言ってられないなあ。しかたないな。もうほんとにごめんな。身内もいるのに……。

司会　本日は、幸福実現党から質問者が二人来ておりますので、先生との対話を通じて、さまざまなアドバイスをいただければと存じます。

田中角栄　ええ。「死んでもまだ頼《たよ》りにされる」っていうことは、うれしいよ。まあ、「新潟県民がまだ覚えてくれてる」っちゅうことも、うれしいし。

司会　新潟県の生んだ偉人《いじん》でございますので。

田中角栄　ああ、そうかい？

司会　はい。

田中角栄　ああ、そうか。君、そう思うか。

司会　ええ、そう思います。

田中角栄　ああ、そう。うれしいなあ。

司会　本日は、ご指導をよろしくお願い申し上げます。

田中角栄　うん、うん。

司会　それでは、〇〇さんからお願いします。

C――　本日は、田中角栄先生に……。

田中角栄　お、声がかすれてるなあ（会場笑）。

C――　はい。

田中角栄　頑張《がんば》ってるじゃない。うーん。

C――　ありがとうございます。

田中角栄　新潟でも日焼けするか。

C――　私は、今回の参院選に新潟県選挙区から立候補します、○○と申します（収録当時）。本日、角栄先生から、直接にアドバイスをいただける尊い機会を賜《たまわ》り、本当にありがとうございます。

田中角栄　ああ、うーん。

Ｃ――　私は、昨年（二〇〇九年）の衆院選で、新潟五区の長岡《ながおか》から立候補させていただきました。そのときに、角栄先生の妹さんの娘《むすめ》さんである○○さんに、私の後援会長《こうえんかいちょう》になっていただきました。

田中角栄　うん、うん。知ってる、知ってる。

Ｃ――　今日も、前のほうに座っていただいております。

田中角栄　ああ、うん、うん。まあ、ちょっと一家で騒動《そうどう》だが、アハハハハハァ。まあ、信仰《しんこう》っちゅうのは難しいな。

C——　そういう意味では、昨年の衆院選から引き続き、角栄先生にご指導いただき、本当にありがとうございます。

田中角栄　うーん。君、なんか風格があっていいじゃないか。若いのにさあ。なんか若いときのわしみたいな感じがするなあ（会場笑）。

C——　ありがとうございます。

田中角栄　で、インテリなんだろう？

C——　はい？

田中角栄　君、インテリなんだろう？　高等小学校卒じゃないわな。うん？

C――　一橋《ひとつばし》大学を卒業させていただいております。

田中角栄　ほら。新潟から一橋大学っちゃあ、秀才《しゅうさい》だよな。もう国政に出る資格は十分あるわなあ。そりゃ、君、わしより偉くなってもおかしくない。大平《おおひら》君ぐらいはいけるなあ。

C――　ありがとうございます。

わしは雪の日の演説で「選挙のコツ」を覚えた

C――　それでは、最初の質問をさせていただきたいと思います。

前回の霊言《れいげん》のなかでアドバイスのございました、「雨の日に傘《かさ》を貸し出す」ということをさっそく実践《じっせん》させていただきました（『景気回復法』第2章参照）。

田中角栄　ああ、そうか。

C——　有権者の方に本当に喜んでいただきました。

田中角栄　ああ、ほんとに、君らは正直だなあ。

C——　本当にありがとうございます。

田中角栄　そんなの、ほんとにやったかあ。

C――　はい。

田中角栄　ああ、そうかあ。うーん。

C――　柏崎《かしわざき》でさせていただいて、本当に喜んでいただきました。

田中角栄　そうか。

C――　選挙まで、あと十日となりました。これから、さらに得票を伸《の》ばしていくために、どのような戦い方や努力をしていけばよいのでしょうか。

また、この選挙期間だけではなく、普段《ふだん》の活動においても、「困っている人を助ける」ということに集約されるとは思いますが、さらに具体的に、「政治家として人気を得るための方法」や、「人間的な魅力《みりょく》を増すための方法」について、ご教示をいただければと思います。

田中角栄　そうか。まあ、わしが言うても、やらんだろうと思っておったが、やったやつがいたかあ（会場笑）。まあ、梅雨時《つゆどき》の選挙って難しいからねえ。だけどね、ものは考えようなんだよ。普通《ふつう》の人が常識で、「こういうときは嫌《いや》だろう」とか思うようなときに頑張ると、それが情に訴《うった》えることになるんだよな。だから、「雨の日に傘を貸す」ということを言ったけどさ、わしも雪の日の選挙運動っていうのが、よう効き目があるのを知っとるんだよ。

若いころねえ、最初に逮捕《たいほ》された日（笑）……、まあ、あんまり古傷には触《ふ》れたくはないがな。みな、最後のロッキード事件しか知らんだろうけれども、それより前にもあるわけよ。古傷があるんだ。

最初に逮捕されたときは、「ああ、もう角栄は終わりだ」って言われてたんだ。だけど、雪の日に〝雪だるま〟になって、選挙演説をやったら、魚沼《うおぬま》だったかな？　なんか、ものすごい人気が出てなあ。それで大量得票しちゃって、落ちるはずのやつが、当選したんだよ。それで選挙のコツを覚えちゃったんだよ。やっぱり、意表を突《つ》かないといかんのだ、意表を。

それは、ちょっとしたアクシデントっちゅうか、事故に遭《あ》ってな。わしは、演説会場に辿《たど》り着くまでに大変な目に遭って、それで〝雪だるま〟みたいになった姿で会場に現れて演説をやったんだよ。その雪がいっぱい付いた〝雪だるま〟でやっとるところがよかったんだ。

そうすると、みな、「こんなになってもやるのか」と思って、「逮捕されたか、どうか」というようなことなど忘れてしまうわけだ。ポッと忘れてしまって、

「これだけ熱心にやる人だから、そんなに悪い人じゃない」と思ってくれるわけだな。

これで、わしは、だいたい選挙のコツみたいなものを覚えたなあ。

だから、こういうのを知ってる人は、雨に打たれながらテレビカメラに撮《と》らせたりしているよ。暴風雨のなかで濡《ぬ》れながらやるとかね。多くの人が、そういう普通でない状況《じょうきょう》をよく見ていることを知ってるわけだ。

人々の心をつかむには、〝普通《ふつう》でない情熱〟が必要

まあ、「普通《ふつう》、選挙運動する人なら、こういうふうにする」という常識的な考え方があると思う。しかし、みなが「まさか！」と感じるような頑張り方を見せないといかんわけだな。「こんなことは、普通はやらんものだ」というところを見せないといかんわけだ。

今は夏だから、〝雪だるま〟になるのは、若干、難しいとは思うけどさ。「担架《たんか》で運ばれて登場する」とか（会場笑）、ほかにいろいろあるんじゃねえか。

例えば、「先の街宣地で、〇〇は倒《たお》れましたけれども、本人が『どうしても、演説したい』と申しますので、担架にて運んでまいりました」って言うてもらって、寝台車《しんだいしゃ》みたいな、霊柩車《れいきゅうしゃ》みたいな車から、君を引きずり出してきてだな（会場笑）。

それで、君がなんとか這《は》い上がってきて、「みなさーん、私は死んでもマイクを離《はな》しません！」って、一発やったら、この口コミ効果は、新聞よりも大きいよ。うん。そら、やっぱり、人間は情熱には勝てんさ。

だから、「ここまでやるか！」というところを、君、見せないといかんよ。もう、最後の最後になったら、階段から一回ぐらい転げ落ちろ（会場笑）。選挙の街宣カーの階段から転げ落ちてだな、ほんとは痛くなくてもええから、足に包帯を巻いて、ミイラみたいな片足になるわけだ（会場笑）。そして、杖《つえ》を突きながら出てきて、「それでも、私は戦いをやめません！」と言うてやればいいさ。明治時代にも、「板垣《いたがき》死すとも自由は死せず」っていうのがあったじゃないか。

だから、こういう人に（司会を差して）暴漢になってもろうてだな、こう襲《おそ》いかかってもらって、「私には、SPが付いていないから、いつ殺されるか分かりません。しかし、日本は絶対に沈《しず》めません！」とか言って、名演説をやるんだよ（会場笑）。まあ、タネを明かしてはいかんけれども、奇術《きじゅつ》には、みな、タネがちゃんとあるわな。

でも、やっぱり、「自分はどういう人間か」ということをアピールすることは大事だ。まあ、政策も聴《き》いてはくれるが、これはあとのほうからなんだ。まずは、人間として気に入られるかどうか。これが大事だな。

だから、新潟県民の心をつかむ原型は、わしにあるわけだ。スタイルはな。

「信条」と「迫力《はくりょく》」と「やる気」がファンをつくる

だから、君の〝普通でない情熱〟っていうんかな、やはり、これで行かんとね。幸福実現党の知名度で当選するには、まだちょっと厳しいなあ。これで当選するには、もう無限にコマーシャルを打ちまくらないといけない。とてもじゃないけど、まだ自民党や民主党の知名度には、とうてい勝てないので、やっぱり、君個人のバイタリティーや必死な姿、あるいは、国を思う情熱、新潟県を思う情熱にかけないといかんな。

新潟にもテレビ局だとか、新聞社だとかあるじゃないか。ときどき、何ていうか、その前で君が行き倒れになるぐらいの演出をやらないといかんね。「水をくれえ！」と言ってな（会場笑）。まあ、新潟日報《にいがたにっぽう》でも、何でもいいけれども、その前あたりで倒れて、声をからしながら、「み、水を一杯《いっぱい》ください！　私に末期《まつご》の水を一杯ください！」って言うんだよ。まあ、君、そのぐらいやらないといかんな。

とにかく、今はな、幸福実現党は圧倒的《あっとうてき》に不利な立場にあるんだからさあ。圧倒的に不利な立場にあることは間違《まちが》いない。どう見たって、圧倒的に不利なんだから、今、首相が「奇兵隊内閣」なんて言うとるんだろう？　そりゃあ、裏をかかないといかんな。「こちらこそ奇兵隊だ」っちゅうて、裏をかいて頑張らないといかん。

まともな戦い方では、今のところ、まだ勝てそうにはないので、それはもう、新聞社やテレビ局の人たちが涙《なみだ》を流して止まらないぐらい頑張らんといかんな。もう、こうなったら、「逆立《さかだ》ちして演説してみせます。私が逆立ちしながら、何分間、話ができるか、みなさん、見ててください」と言うて、地面に頭突《ずつ》きして倒れるぐらいやらないといかん（会場笑）。とにかく、宣伝広告じゃ勝てないんだ。

まあ、それが原点だ。わしの場合は、雪の日の〝雪だるま説法〟が原点で、総理まで行ったんだ。

そういう努力をしていると、危機のとき、意外に応援してくれる人が出てくるんだ。幸福の科学の信者さんは応援してくれるとは思うけど、やっぱり、信者さんでない人からもファンが出ないと、基本的には勝てない。だから、信者さんでない人にもファンをつくらないといかん。そのためには、君の「信条」と「迫《はく》力《りょく》」と「やる気」、こういうものが大事だな。

もう新潟県の代表は、体格から見ても、頭脳から見ても、別にほかの候補者でなくたって、君で、全然、問題ないよ。君が当選してもいいんだ。

だから、あとはもう、投票用紙に名前を書かすのみだ。いかにして、名前を書いてもらうか。これに注力しないといかんわな。

もう残された日は、十日か? ああ、もう、君は「情熱の男」「炎《ほのお》の男」でなければいけない。まあ、それだけだな。

どんな人だって、最初は落選したり、いろいろ苦労をしたりするのはしかたない。

だけど、「あの候補者はよかったなあ」という気持ちは残るからね。そういうものもつかんでおかないといけないわけよ。実際に投票してくれた人は、本当に君を選んでくれたんだけども、投票はしていなくても、その周りに、君の「隠《かく》れファン」っていうのができるからね。それが、次のステップになるんだ。

今回だって、まあ厳しい選挙だろうとは思うよ。しかし、どこかから、風穴《かざあな》を開けないといかん。

幸福実現党の力だけでは、まだ選挙には通らないし、宗教である幸福の科学のほうも、まだ、その宗教の力を完全に政治に転化して押《お》し通すような組織にはなっていない。要するに、「政治専門の宗教」にはなっていないからね。まだほかにやることがいっぱいあるよな。この館内を見たら、悪霊封印《あくりょうふういん》なんだとか、プレアデスなんだとか、いろんなチラシがいっぱい貼《は》ってあるじゃないか（会場笑）。

要するに、宗教も忙《いそが》しいんだ。宗教も忙しいから、君の応援で全部はやれないんだよ。だから、しかたないね。全力でやったら、宗教のほうが潰《つぶ》れちゃうんだから。それはしかたないな。やっぱり、君は自力でやらないといかん。

「人柄《ひとがら》を売り込《こ》む」のが選挙の九割

それと、顔は日焼けで黒くなったからええけど、汗《あせ》を上手にかくんだぜ。汗をかいてなかったら、霧吹《きりふ》き器でいいわ（会場笑）。裏で、頭の上にいっぱいかけて、タラタラ汗をかいて出てくるんだ。そのぐらいやらないと駄目《だめ》だよ。

「ただ今、駆《か》けつけました！」っちゅう感じでいかないとね。五十メートルぐらい向こうから走ってくるとか、グルッと一周走ってからやってくるとか、そのぐらいやらないといかんな。

これからは、やっぱり、自分中心でなくて、人の目っていうか、「多くの人から、どのように見られるか」を考えることが大事だな。画像に映すように、テレビに映すように、自分を見ることができるような人が政治家には向いているんだよ。

これは、ケネディさんあたりから、そうなったんだな。アメリカのケネディさんあたりが白い手袋《てぶくろ》をして選挙をやり始めたら、全世界でやり始めたな。そういうふうに、白手袋一つで当選する場合もあるわけだよ。清潔感とか、新しさみたいなイメージかなあ。

だから、君は君のイメージをつくらなきゃいかん。君の名前は○○か。じゃあ、笠《かさ》に何か巻くか（会場笑）。

C――　それは、去年やりました。

田中角栄　やった⁉　やっても、通らんかったか。そうかあ。ちょっと巻き方が足りなかったんだろうな。もうちょっと面白《おもしろ》いもんを巻いたほうがいいかもしれない。蛇《へび》でも巻いたらどうだ？（会場笑）　みんな見に来るぞ。

まあ、それは冗談《じょうだん》半分だけど、別なことで、引っ掛《か》かっちゃいけないからね。「危険動物を公衆の面前で放《はな》った」と言われて、逮捕されたらいかんからね。わしは、そのへんはよう知らんからあれだけどな。

とにかく最初は、アピール！　アピール！　アピール！　とにかくアピールすることが大事だ。自分をアピールして、最後に政策をプスッと一押《ひとお》しして言う。

あるいは、政党名をプスッと押し込《こ》む。まあ、こういう感じかな。

まずは、人格、人柄《ひとがら》だ。あなた自身を売り込むことが九割だ。これを九割やって、あとの一割で政策と政党名をコンパクトに押し込むということだな。政策と政党名のほうに九割の重点を置いて、あなたの人柄を一割打ち込んだら、落選するからね。残念だけど、今のところ、それはしょうがないんだよ。

まあ、民主党や自民党のように、何十パーセントも支持率を取れるようなところだったら、やっぱり楽は楽だけどね。もうすでに、みんなが信用しているからさ。「政党のほうで、一定の審査《しんさ》に通っているんだろうから、票を入れていいんだろう」と思って、そのまま入れてくれるんだけど、まだ幸福実現党だと実績が十分じゃないからさ。

だから、もう、君自身の人気で行くしかないんだよ。だけど、一橋大学といったら秀才だぜえ、君。そりゃあ、新潟県から一橋なんて行けるもんじゃないよ

（会場笑）。

わしは、うらやましゅうて、うらやましゅうてしょうがない。わしは総理大臣までしか出世できんかったけど、一橋を出てたら〝大統領〟になれたかも分からない。

ああ、訊《き》きたいことがあったら、訊いてくださいよ。

Ｃ――　ありがとうございます。本当に情熱の炎を燃やして、最後の十日間を頑張りたいと思います。

3　新潟県《にいがたけん》を発展させる新産業について

C――　二つ目の質問をさせていただきます。

前回の霊言《れいげん》のなかで、「税金の優遇措置《ゆうぐうそち》によって、地方に未来産業を誘致《ゆうち》する」というアドバイスを頂戴《ちょうだい》いたしました。私自身は、「コシヒカリを輸出産業に育てていきたい」ということを話しているのですけれども、田中角栄先生が新潟県《にいがたけん》の現状をご覧になった場合、例えば、どのような企業《きぎょう》や産業を誘致すればよいと思われるでしょうか。

地方都市発展のモデルケースとして、「新潟県をさらに豊かに発展させる方法」についてアドバイスをいただければと思います。

田中角栄　まあ、幸福実現党は、ほかの所では、航空機産業だとか、ロケットだとか、ロボットだとか、いろいろ言うとるらしいけど、「言うてないのがまだ残っとる」とわしゃあ思うんだよな。

新潟は、あれじゃないか。北朝鮮《きたちょうせん》から拉致《らち》されてる〝拉致の本場〟だろ？（会場笑）「ＵＦＯに拉致されたか」と思ったら、「いや、ＵＦＯでなくて、お隣《となり》の国だった」ということだ。

ここは、海のほうからの国家侵略《しんりゃく》の最前線であることは間違《まちが》いないよ。新潟を固めないといけない。ここがいちばん来やすい。

向こうがいちばん怒《おこ》ってるのは、新潟から現金輸送ができなくなってるところだ。そこがいちばん気に食わんところだろうから、脅《おど》しをかけてくるとしたら、ここだとわしは思うよ。

だから、一つは船のほうだな。造船系の仕事をちょっと起こせないかなあ。それが大事だと思う。原発《げんぱつ》なんかも、近くにあるんだろ？　そのへんも警備をしっかりしないといかんしなあ。

今どき、造船業は韓国《かんこく》にほとんど取られてしまってるけどね。だけど、日本海側の警備を強化する意味では大事だな。まあ、造船といったって、防衛関係だけどね。「国民の財産を護《まも》る」という意味では、そういうものがあってもええと思うな。

4　消費税の増税を、どう思うか

子育て支援《しえん》をしても、消費税を上げれば帳消しになる

それと、もう一つ。まあ、民主党の政策について言っていいのかどうか、ちょっと分からんけどさ。子育て手当だか、子守《こもり》手当だか、何かよう知らんが、子供の教育手当を出してやってるのは、それはそれで悪いことではない。しかし、それと同時に消費税を上げたら、もう帳消しだよ。これは駄目《だめ》だわな。

子育て支援《しえん》だけだったら、「子供を増やせるかもしれないな」っていう印象はあるけれども、消費税を同時に上げたら、やっぱり、子供の数は減るよ。みな、生活が苦しくなると思うからね。要するに、高級品は買わなくても、日常生活で

普通《ふつう》に必要な物は、やっぱり、買わなきゃいかんから、子供の数が増えれば、払《はら》う消費税も増えるよね。

だから、基本的に「消費税を上げる」と言ったら、子供の出生率は落ちるよ。民主党は、せっかく子育て支援について言ってるのに、「これで帳消しになった」とわしは思うね。これは駄目だと思うね。

株式市場は「菅《かん》氏は選挙で負ける」と読んでいる

それとね、今、景気が少し持ち直そうとしているときであるので、ここで増税に踏《ふ》み込《こ》むのは、やっぱり、経済音痴《おんち》だとわしは思うな。

また、ヨーロッパのほうからも不況《ふきょう》の波が来てるらしいし、菅《かん》さんが総理になって、昨日、「株価が今年の最安値を付けた」っていう話じゃないか。今年の最安値だろ？　半年間で最安値を付けたっちゅうことはだな、「この人は次の選挙で負ける」ということだよ。

株式市場は「先読み」をするからな。株式の取引をやってる人たちは経済に詳《くわ》しいからね。だいたい政局を読むんだよ。要するに、与党《よとう》が負けるときには、株価が下がるんだ。選挙の一カ月前ぐらいから株価が下がり始めるので、菅さんは選挙で負けると思うよ。明らかにね。

株価が上がってくるようだったら勝つんだよ。先行き、菅さんが続投して、よい政策を実現し、国の景気がよくなると思えば、株価は上がるから、今、マーケットは「負ける」と読んでいる。選挙後、政治が混迷して、その行方がどうなるか読めないために、株価が下がって、最安値を付けたんだと思うんだな。

ところが、円には信用があって、今、円高になっている。欧米《おうべい》、特にヨーロッパから円のほうにお金が逃《に》げて来ようとしてるね。そのように信頼《しんらい》されているにもかかわらず、政治のほうだけは、もう一つ信頼がない。

国としては信頼されている。「日本という国は、まだまだ底堅《そこがた》い」と信頼されてるけど、政治は信用されていない。ま、こういうことだよな。

要するに、民主党の基本的な政策はあまりうまくいっていないと思うね。

まあ、わしはねえ、今はやっぱり、これは前に言ったかもしれないけれども、まずは「成長戦略」を絶対に言って、さらに「失業対策もします。失業者を完璧《かんぺき》に吸収していきます」とはっきり言うべきだな。

鳩山《はとやま》さんみたいに、「ダム建設を中止します」なんて言ったら、失業者の山になるのは分かってるからね。「全国のダム建設を、全部、中止します」なんて言うのは駄目だよ。ゼネコンは、百万人も雇用《こよう》しているんだから、これは、そうとうのクビ切りの嵐《あらし》になるよ。どこに吸収するんだ？　この人たちを持っていくところなんてないからね。

人口を増加させるためのアイデア

それから、今、民主党は、経済を萎縮《いしゅく》させ、小さくしようとする傾向《けいこう》がちょっと出ているけれども、やっぱり、人口を増加させなきゃいけないんだよ。

「年金のために、もう五十パーセントでも、六十パーセントでも、七十パーセントでも税金を上げてくれ」って言うようなお年寄りがいるかもしらんけど、そんなことを言ったって、もう無理ですよ。そんなことをしたら、国が傾《かたむ》いちゃいますよ。若い人がみな、困ってくるからね。

やっぱり、子供を増やさなきゃ駄目だ。若い層を増やすのがいちばん大事だよ。「子供を増やさなきゃいけないので、何としても産んでくれ」と頼《たの》まないといかん。

今、菅さんは、「所得が低ければ、消費税をまける」とかいろいろ言ってるね。

まあ、次の人（質問者D）が訊《き》きたそうな顔をしてるけどさ。それなら、「子供を三人以上産んだら、消費税をまける」とか、「おまけ」を付けたらいいんだよ。「子供をたくさん産んだら、消費税をまけますよ」と言って、「三人マーク」とか、「四人マーク」とか付ければいい（会場笑）。

「あっ、お宅は『三つ葉マーク』ですねえ。じゃあ、消費税は取れませんね」みたいな感じかな。

「三人産んだんですか。えっ、四人産んだ？　それだと、おまけが付きます。『消費税なし』で、さらにおまけを一品《いっぴん》付けないといけないことになっておりますので、何か、ご希望のものはありますか」みたいな感じかな。

とにかく子供を増やしたほうがいいよ。これは増やさなければ駄目だな。

それと、あまり公共工事の手を緩《ゆる》めたらいけないと思う。まあ、国内でも失業者は増えるだろうけれども、やっぱり人口は増やさないといかん。だから、何だかんだと意見はいっぱいあるだろうけど、「移民政策」は必要になると思うよ。外国から労働力を入れないと、どこかで、この国がもたなくなるのは確実だね。

彼らは、おそらく高次な仕事は、そんなに簡単にはできないので、そうした公共事業は、やっぱり、続けるべきだと思うね。

そういう意味では、門戸を開かないといかんわな。

C――　ありがとうございます。

5　政治家に必要な「勉強」とは

C――　私からは最後の質問です。

角栄先生は、先ほどお話が出ていました、幸福実現党、自民党、民主党をどのように見ておられるのでしょうか。また、応援《おうえん》しておられる政党や個人がありましたら、教えていただければと……。

田中角栄　それは、君、禁じ手じゃないの？　それは言っちゃいけないんじゃないの？（会場笑）訊《き》いちゃいけないんじゃないか。

C――　実は、昨年の衆院選のときに、田中眞紀子《まきこ》氏と直紀《なおき》氏に、大川隆法総裁の本を献本《けんぽん》したのですが、残念ながら、民主党に入られてしまいました。

田中角栄　うーん。

C――　そこで、お二人へのメッセージや、また、新潟県《にいがたけん》には角栄先生を慕《した》っている多くの〝田中党〟の方々がいらっしゃいますので、そうした方々へのメッセージをいただければと存じます。

個人で法案をつくれるぐらい勉強せよ

田中角栄　まあ、わしはねえ、インテリではなかったので、インテリとの競争っていうかな、インテリを使うことが、ものすごく大変だったんだよな。

四十四歳《さい》のとき、最年少で大蔵大臣になったけどさ、大蔵省なんて、東大出のなかでもピカ一《いち》頭のいいのばかりじゃないか。小学校卒でそういう人たちを使うのは、そりゃ大変だよ。だけど、悪い評判は残ってないと思うよ。

まあ、なんちゅうか、わしは成り上がりといえば成り上がりだったけれども、「今太閤《いまたいこう》」ということで、尊敬もされた。しかし、結局、「インテリに撃《う》ち落とされた」とは思うんだよ。高学歴のインテリの人たちから、「やっぱり、あいつは卑《いや》しいやつだ。お金の力で成り上がった」ということで、お金のところで責められた。「実力で上がれるわけがないから、お金を撒《ま》いているんだ。お金で買ってやったんだ」とね。

まあ、ちょっとはやったけどな（会場笑）。しかし、わしは、お金で、全部、解決しようとは思ってなかったよ。それはチップよ、チップ。いやあ、あるいは、何て言うかな、気持ちよ、気持ち（会場笑）。それは分かるだろ？

これは決して日本的なもんじゃないよな。でも、欧米《おうべい》はみなそうじゃない？チップをやるじゃないか。いいサービスをしてくれたら、ちょっとやるじゃないか。な？

例えば、わしなんか、夏は軽井沢《かるいざわ》でゴルフしてたけどさ。まあ、わしも偉《えら》くなったから、ご苦労なことだけど、ＳＰさんがいっぱい付いてるよな。仕事は特にないんだけれども、警察の方が来て、あちこちに立ってる。そしたら、やっぱり、ちょっとした気持ちとして、小遣《こづか》いをぽっぽっと渡していったりする習慣はあったよ。

そんなのは、立花隆《たちばなたかし》みたいなのから見りゃあ、金で警官まで買収してるように見えるかもしらん。しかし、暑い盛りに、人がゴルフしてるのを警備するなんて、まあ、気の毒な話じゃないか。な？　だから、それは心付けをしただけのことだな。こういうのが、「品性が卑しい」というふうに受け取られたんだろう。

しかし、わしには正規の学歴はないからな。それについては一橋を出てたら、ほんとは言われる必要もなかったんだけど（会場笑）。わしは一橋を出てないもんだからね。まあ、今の「みんなの党」の渡辺さんの親父《おやじ》さんなんかも一橋出だけど、あの人は行商《ぎょうしょう》をやりながら出た一橋だよな。苦労人だけど、それでも学校を出てりゃあ、「行商をやってた」というのが、あとで美談にはなるからな。

しかし、わしの場合は、学歴はなかったんだけど、勉強はしてたんだよ。『広《こう》辞苑《じえん》』も、全部、読んだ。君らは読んでないだろう？　わしは『広辞苑』を隅《すみ》から隅まで読みましたよ。『広辞苑』なんて、東大出のやつだって読んでないよ。だから、『広辞苑』を隅から隅まで繰《く》り返し読んだ。東大出の人間でも知らないような言葉まで、勉強しましたよ。

夜は九時に寝《ね》て、十二時に起き、十二時から二時間、三時間と夜中に勉強しましたよ。経済や法律の勉強を一生懸命《いっしょうけんめい》しましたよ。それで、個人でも議員立法を三十三件ぐらい出しましたよ。

だから、君らに言いたいことはね。もちろん「演説がうまい」とか、「人気がある」とか、当選するためには、いろいろとやらなきゃいかんことがいっぱいある。しかし、君もいずれ政治家になるんだろうから、「政治家になったら、個人で法案をつくれるぐらいの人間になりなさい」ということをわしは言いたい。

個人で法案をつくれるぐらいでなきゃ駄目《だめ》だよ。まあ、後ろに政調会長（質問者Ｄ）かなんかがいるけど、政調会長だけに任しておいたらいかんね。個人で法律案をつくれるぐらいの人間になっておれば、誰《だれ》もが中身を認めてくれるようになる。だから、わしは高等小学校卒でありながら、個人で法案をつくって、議員立法を出したんだ。

ここまでやるには、そうとう勉強しなきゃ駄目なので、わしは大学を出てなくても、そりゃ一生懸命、法律や経済の勉強をしたんだよ。そういうのが裏にあるわけだから、わしゃ、「ダーティーにお金で票を買った。権力を買った」というように言われるのは、半分は当たってるかもしらんけれども、半分は悔《くや》しい思いは持ってるよ。

だから、「自分で法案をつくってみろ」っていうことだよな。法案っていうのは、官僚《かんりょう》主導で全部つくったもんだ。法律は、東大法学部を出た連中がほとんど書いたもんだよ。まあ、議員のほうは、それを認めて通すことだけが仕事だよ。ただの〝運び屋〟だな。国会に運んで、多数決を取るだけの仕事だ。

だけど、その法律を個人で書けるだけの力はつけないといけないよ。何が必要かを考えて、それだけの勉強はしなさいよ。な？

いいか。個人で法案をつくれるぐらいの人間になれば、あとは時間の問題で、君は政治家になれるから、それも勉強しなさいね。外で声をからして街宣するのも大事だけども、どこかで、そういう勉強を続けていくことが大事だな。

C――　ありがとうございます。

田中角栄　いろんなことを勉強しなさい、いろんなことを。

C――　はい、ありがとうございます。

東大法学部出身の官僚《かんりょう》を使えた理由

田中角栄　わしだってね、六法の勉強もしたけれども、『広辞苑』も、隅から隅まで読んだし、宗教だって一通り勉強したんだよ。すべての宗教、各宗派を勉強したよ。教養だからね。だから、ばかにしちゃいけないんだよ。

人間の努力っていうのは、学校の授業を受ける以上のものを得ることができるんだよ。それは、やっぱり、意志の力だ。そのへんのところを知らないといけない。

昔は、高等小学校卒や小学校卒の人なんか、世の中にたくさんいたよ。だけど、誰も総理大臣なんかなれやしなかった。そこまでの間を埋《う》めるには、そうとうの努力があるのさ。わしはそれだけの努力をしたんだよ。

だから、わしが東大法学部出の官僚《かんりょう》のやつらを使えた理由は、実際は人情だけじゃないんだよ。彼らが本当に舌を巻いたのは、「予想外のことをいっぱい勉強していた」というところなんだ。「ここまで勉強してたのか」っていうことに、ちょっとびっくりしたんだよ。

わしは、大川隆法さんが大好きなんだよ。東大法学部を出てて、わしを尊敬してくれてるからな（会場笑）。こんなありがたい人はいないよな。わしの人間性のほうも認めてくれてるし、わしが「勉強家、努力家だった」ということもちゃんと認めてくれてるので、すごくフェアだよな。

東大出の人なんか、すぐに見下す人はいっぱいいると思う。慶応《けいおう》出だって、見下す人はいっぱいいいると思うけど、そういう学歴があるために冷たくなって、学歴のない人を見下すようになるなら、人間として半端《はんぱ》だと思うんだよ。大したことはない。

高学歴だっちゅうことで、十分、尊敬されてるにもかかわらず、さらに人を下に見るっていうんだろう？　そういう人は、やっぱり、偉くないと思うな。何て言うか、「高学歴だけれど、あったかい人情味を持ってる。人の気持ちが分かる」ということは大事なことだと思うな。

だから、君も一橋を出て、これから勉強して知識を増やし、人を指導できるような立場になると思うけれども、同時に人情味も大事だと思うよ。そうした、この世的なコースとしては恵《めぐ》まれていなかった人たちの能力にも光を当ててあげる気持ちを、やっぱり、忘れないようにしてほしいもんだな。

で、誰を応援してるかを訊きたい？　わしはそれを言っちゃいけないんじゃないかなあ（会場笑）。

自民党も、民主党も、その他いろんなところも、みな頑張《がんば》ってほしいけれども、「今、幸福の科学の新潟正心館《しょうしんかん》にわざわざ来て、新人候補の君と話す時間をつくっている」ということは、どういうことかな？　ワハハハハ（会場笑）。

C――　ありがとうございます（会場拍手《はくしゅ》）。本当にありがとうございます。頑張ります。

田中角栄　ま、義理のあれはいるけどな、七十ぐらいになるんじゃねえか。まあ、もういいよ（会場笑）。もう引退勧告《かんこく》の年齢《ねんれい》だな（会場笑）。小さい声で言うが、引退勧告の年齢なんで、もういいんじゃないか。
だから、「君がわしを尊敬してくれる」という条件が付いてるんだったら（会場笑）、わしは応援するよ。うん（会場拍手）。

C――　ご尊敬申し上げます。ぜひよろしくお願いいたします（会場拍手）。

司会　それでは、一人目の方の質問を終了《しゅうりょう》させていただきます。幸福実現党新潟県代表の○○さんでした。ありがとうございました。

田中角栄　はい、ありがとう（会場拍手）。

6　新しい公共事業によって未来を拓《ひら》け

司会　続きまして、幸福実現党の政調会長○○さんです。どうぞよろしくお願いいたします。

田中角栄　若いなあ（会場笑）。

D――　幸福実現党政調会長の○○と申します。この度、ご当地新潟《にいがた》で、田中角栄先生からご指導を賜《たまわ》れますことをたいへん光栄に存じます。本当にありがとうございます。

田中角栄　あ、君も勉強家だなあ（会場笑）。

D――　田中先生には負けますけれども……。

田中角栄　いやいや、すごい勉強家だな。感じてくる。伝わってくるよ。すごい勉強家だなあ。

D――　頑張《がんば》って勉強してまいります。

田中角栄　ああ。

「交通革命」は、戦後の日本を発展させた原動力

D――　前回、四月二十三日の霊言《れいげん》のなかで、「平成版・日本列島改造論」を賜りましたけれども（『景気回復法』第2章参照）……。

田中角栄　質問者は、君だったかなあ。

D――　いえ、○○幹事長でございます。

田中角栄　そうだよなあ。ちょっと違《ちが》ってたような気がする。

D――　はい。前回、ご指導を賜り、たいへん勉強になりました。ありがとうご

ざいました。

田中角栄　うーん、そうだよな。うーん。

D――　先ほど、大川隆法総裁がおっしゃっていましたけれども、私も、今日、上越《じょうえつ》新幹線に乗ってまいりました（第３章参照）。東京からノンストップで一時間半で……。

田中角栄　そんないいのがあるのか。ああ、そうか。

D――　はい。今日の朝の便でございましたけれども……。

田中角栄　一時間半！　おお。

D――　はい、ノンストップでございまして……。

田中角栄　総裁は二時間以上かかったと言ってたな。

D――　申し訳ございません（会場笑）。ちょっと便が……。

田中角栄　君の乗った新幹線のほうがいいのか。

D――　ちょっと早い便でございましたので……。ほかに、都合のいい便がございませんでした。

田中角栄　いいのに乗ったな。朝だと駅を飛ばしてくるので速いのか。なるほど、それは、君、賢《かしこ》いわ。

D――　はい（会場笑）。本当に、田中角栄先生のご功績です。東京―新潟間が一時間半ですから。

田中角栄　いやあ、やっぱり、そらあダイナマイトでぶっ飛ばして、トンネルを開けないと駄目《だめ》ですよ。未来は拓《ひら》けませんよ。ねえ。

D――　そうですね。

田中角栄　「交通革命」っていうのはね、そうは言ったって、日本を発展させた原動力ですよ。間違いないですよ。戦後の発展は、交通革命によるものですよ。あなたがたは、「未来交通革命」を起こそうとしているんだろ？　これは、誰《だれ》かが絶対やるからね。あなたがたがやらなくても、誰かが必ずやらなきゃいけないことなので、今、それを打ち出してるっちゅうのは大事なことだよ。やがて、後押《あとお》しが出てくるよ。

民主党は、一生懸命《いっしょうけんめい》、無駄金だけ探してるんだろう。これは先がないよ。この仕事は、先がない仕事だ。

D――　はい。田中角栄先生の思いを受けて、全国に新幹線や高速道路が建設されましたが、われわれも、先ほどお話がありました、リニアモーターカーを全国に整備するつもりです。もちろん、東京―新潟間も敷《し》かせていただきたいと思っております。

ところが、今、菅《かん》首相が「第三の道」ということを言っておりまして、「『第一の道』である田中角栄型の公共事業というものは、もう時代遅《おく》れだ」という……。

田中角栄　まあ、何ちゅうことを言うんだ！

D――　今はもう投資効果はないんだと……。

田中角栄　何ちゅうばかなことを！

D――　菅首相は、「今は、税金を医療《いりょう》や福祉《ふくし》に使うべきだ」という「第三の道」を唱えています。

そこで、田中角栄先生から見て、公共事業の考え方はどうあるべきか、また、菅首相のどこが誤りなのか、ご指導を賜ればと存じます。

好景気なくして「老人福祉《ふくし》」はありえない

田中角栄　それは根本的に誤ってるよ。あなたね、不況《ふきょう》をつくっておいて、老人福祉《ふくし》なんてありえないよ。あるわけないいじゃないか。そんな不況になったら、老人なんていちばんに捨てられるに決まってるじゃないか。金が余っていればこそ、老人福祉をしてもらえるんであってね。世の中が好況で金が余ってりゃ、それは手厚くやってくれるよ。

だから、老人は好況を願わなきゃ駄目だ。そんなもん、不況を起こして、老人福祉をやったら、老人はあとで殺されるよ。もう、みな、機関銃《きかんじゅう》で殺されちゃうよ。「早く死んでくれ」って、みんなに言われるよ。

「働かない老人に金をいっぱい払《はら》って不況だ」っちゅうのは、許されるわけがない。この論理が分からないのかな？　これが分からないんだったら、彼は駄目だわ。

D――　経済音痴《おんち》ですね。

田中角栄　そりゃ、老人は危なくてダム工事はできないよ。老人は危なくてできないけど、若い人はできるからね。だから、若い人を使って、それで経済効果が出て景気がよくなったら、老人福祉の金が出てくるんだよ。だけど、不況をつくって、若い人に仕事がなくてだね、それで、なぜ老人福祉ができるのか。「増税だけかけて、老人福祉をする」なんて、こんなの無理な話だよ。これは、絶対、間違ってる。

やっぱり、好景気をつくらないかぎり、老人福祉なんてありえない。いちばん先に切られるのは、ここだからね。切られるべくして切られるし、おそらく理論的に見ても切られるべきだろうと思うよ。

それこそ、菅さんが言う「最小不幸社会」っていうのは、実は老人のために言ってるんじゃないかとわしは思う。「三食を食べれるだけでも、ありがたいと思ってください」っていうのは、どう見ても老人を説得する材料だよ。

だから、騙《だま》されないことだ。彼はすごく詭弁《きべん》を使う。ごまかすのがうまいから、気を付けたほうがいい。

やっぱり、好景気なくして、老人福祉はありえないよ。絶対よくならない。要するに、景気をよくして、若い人たちの収入を増やしてあげないと、「年寄りに、一生懸命、尽《つ》くそう」っていうところまでいかないよ。自分たちが食べていけないわけだからね。

これから働いて子供を養わなきゃいけない世代は、「お年寄りと子供と、どちらを取るか」と言われたら、そりゃ、やっぱり、子供を取るよね。将来の社会的戦力である子供を育てるお金は、必要経費だ。どうしたって必要なお金だよ。これをやらなかったら、子供は自分で生きていけないからね。

それに対して、年寄りのほうの待遇《たいぐう》を下げるのは簡単だから、こちらのほうが先にやられるよ。

だから、「国民の収入のほうを増やさないで、老人福祉のために増税をかける」ということをしたら、この国は、絶対、壊《こわ》れる。間違っている。完全な間違いだね。

D――　やはり、「最初に、富を創造しないといけない」ということですね。

田中角栄　そうしないと駄目だ。若い人に収入をどんどん増やしてもらえるように、働く場をつくっていかないと駄目だね。

最後は、人手が足りないぐらいにしないといけないんだよ。「若い人の数が少なくて人手が足りない」というような状況をつくって、「子供を産む」か、それとも、「外国から若い人を入れて、働いてもらう」かしないといけない。その程度の包容力がなかったら、やっぱり、この社会は進展しない。

だから、老人としても、そういう若い層を増やすよう一生懸命に言わないと、将来、本当に〝ガス室行き〟になっちゃうよ。

これは、絶対、駄目だよ。菅さんは間違ってる。

D――　はい。われわれも同じことを言っています。

しかし、今の世の中では、公共事業や公共投資について提言すると、マスコミなどから、「利権誘導《ゆうどう》だ」とか「財政赤字が拡大する」とかいう批判の声が返ってきます。また、有権者の方からも、そうした声が返ってくることもあるのですが、それに対して、どのように説明すればよいでしょうか。

今の政府は文明を否定する「貧乏神《びんぼうがみ》政権」

田中角栄　今、菅さんが目指しているのは、社会主義政権であり、国家社会主義なんだろう？　今どき、こういう社会主義を目指したら、貧乏《びんぼう》になるに決まってるから、これは「貧乏神政権」だね。貧乏神は、もう、どうしようもない。

わしの時代に、菅さんが政敵ぐらいのレベルでいたとしたら、「『新潟は豪雪《ごうせつ》地帯で、雪が降るから、トンネルを通す』なんて、そんなばかなことをしてどうするんだ。雪んなかで埋《う》もれてろ！　じっとしてたらいいんだ」って、絶対、そう言うに決まっとる。

しかし、それでは駄目なんだよ。未来志向じゃないし、発展しないよね。こういう考えの人は、国を貧《まず》しくしておいて、「それに耐《た》えろ」って言うんだよ。だから、まあ、なんか、この人は心のなかによっぽど不幸体験があるんじゃないかな。

わしは、不幸体験があっても、そこから脱出《だっしゅつ》して、世の中のために尽くそうとする人間のほうが好きなんだ。菅さんは、何か不幸体験があるのかもしれないけれども、「だから、ほかの人も不幸になれ」というふうな考え方の人は、あんまり好きじゃないね。

この人は、豊かな人を憎《にく》んでるんでしょ？　それに、土建屋なんか、みな悪人だと思ってるんでしょ？　きっとな。きっとそう思ってるんだ。

しかし、ものをつくる人っていうのは偉《えら》いんだよ。君ね、土建屋がなかったら、道路だってできないし、学校もできない。トンネルもできなきゃ、列車も走らないしねえ。家だって建たないんだよ。要するに、ものをつくっていくのは偉いことなんだよ。

だから、菅さんの考え方は、文明そのものの否定だよ。「原始時代に戻《もど》れ」って言うんだろ？　日本も原始時代には、新潟だとか、東北だとかあれだよ、栃《とち》の実や栗《くり》の実をすり潰《つぶ》して食ってたんだ（会場笑）。

あなたね、いいかい？　ほんとだよ。お米じゃないんだよ。お米や小麦じゃないんだ。栃の実や栗の実を天日《てんぴ》で干して水にさらしてだね、灰汁《あく》を抜《ぬ》いて、すり潰し、それを丸めて焼いたりして食ってたんだよ、縄文人《じょうもんじん》も弥生人《やよいじん》も。「そんな時代に戻りたいのかい？」っていうことだ。

これは、自然に優《やさ》しいかもしれないよ。まあ、火を使ったらCO_2が出るから、火も使えないかもしれない（会場笑）。天日で焼くしかないのかもしらんけどさあ。「その時代に帰りたいのかい？」ということだな。

どんぐりのクレープを主食にしたいんだったら、それでもいいよ（会場笑）。だけど、文明っちゅうのは、そんなもんじゃないだろう。

わしだったら、「宇宙エレベーター」と「海底牧場」をつくる

今は平成二十何年かは知らんけどさ、今の時代に、「日本列島改造論」を持ってくるとしたら、スケールが、全然、違うと思うな。君らがまだ言ってないことを言ってやるよ。

わしだったら、もう空に「宇宙ステーション」を浮《う》かべてだなあ、それと地上との間をエレベーターで上がったり下《お》りたりできるようにするな。アハハハ。そのぐらいのものをつくっちゃうなあ。この程度はやらんとね。ハッハッハッハ（会場笑）。

東京タワーとか、第二東京タワーとか、そんなちっこいことは言わないよ。も

う、成層圏《せいそうけん》を超《こ》えたところに宇宙ステーションを浮かべ、地上から、直接、エレベーターで行ったり来たりできるぐらいのものをつくっちゃうなあ。

そのぐらいやらないと、面白《おもしろ》くないじゃないか。世界を見下ろすのさ。こうやって（手を額にかざす）、「ヘッヘー」ってな。「あそこに武器がある。あそこで、ミサイル基地をつくってる」とかね（会場笑）。こういうのが見えるのは面白いな。わしなら、そのぐらいやるね。

だから、新しい道をどんどん拓かないといかんよ。

海だって、「海底都市」をどんどんつくっておいたほうがええよ。「日本海」っていう名前を変えようと、一生懸命、運動してるところもあるんだろ？　「日本海じゃない」とか言うてね。

しかし、日本海は日本海なんだから、日本の海なんだよ。だから、日本海の海底にも施設《しせつ》をつくらないといかん。やっぱり、日本海に「海底牧場」をつくったほうがいいよ。

「岩が海面から上に出ている所の周辺は、領海法により、日本の領海になっています」とか言うて、もう海底牧場をしっかりつくっちゃったらええよ。日本海に海底牧場をつくって、ここで、海の生き物を飼う。増殖《ぞうしょく》する。〝放牧〟する。そういうこったな。

マグロの自然養殖とか、いろいろあるじゃないか。いろいろな海の魚や海の幸《さち》をつくる。そういう作業もできたらしてほしいなあ。

だから、もうちょっと夢のある道を拓いてほしいな。こういう公共工事をばかにしてたら、未来なんて、君、ありえないよ。

うーん。やっぱり、菅は駄目だな。これはアカン（会場笑）。アカン、アカン、空きカン（会場笑）。ほんと「空きカン内閣」だ。ほんとそのとおりだわ。これはどうしようもない。空き缶はくずかごに捨てられるしかないんだろ？　この人は、もうすぐ〝くずかご〟に捨てられるよ。うん、これは駄目だな。

D――　はい、ありがとうございました。

7　今、日本に必要なのは「未来ビジョン」だ

D――　これで、最後の質問になるかと思います。

田中角栄　ああ、そう。

D――　今、「宇宙エレベーター」や「海底都市」といった壮大《そうだい》な構想を賜《たまわ》りましたけれども、田中角栄先生におかれましては、ご在世中も、「新幹線網《もう》」や「高速道路網」といった壮大な構想、「夢」を語られて、それを見事に現実化されていかれました。

そして、その手段の一つとして、「官僚《かんりょう》の操縦術」というものがあったかと思います。

田中角栄　うん、うん。

D――　もともと菅《かん》総理は、「脱《だつ》官僚」「反官僚」ということで、官僚と戦ってきたイメージで自分を売っていました。しかし、財務大臣のときに、「乗数《じょうすう》効果」や「消費性向《せいこう》」について答えられなかったことから、それ以降、財務官僚の言いなりになり、今では、消費税の増税などを言い出している始末です。

田中角栄先生は、錚々《そうそう》たる東大法学部卒の霞《かすみ》ヶ《が》関《せき》の官僚たちを飼い犬のごとく、手なずけられ、みな喜んで角栄先生の……。

田中角栄　飼い犬って言ったら、君ぃ（会場笑）。飼い犬っちゅうたら、怒《おこ》るかもしらん。そらあ、さすがに怒るから、そんなことはないよ。

D――　はい、ただ、「角栄先生の言われることを、全部、実現していきたい」というような感じだったと思います。そのように、官僚の心をとらえ、コントロールする〝秘術〟というか、真髄《しんずい》をご指導いただければと思います。

「未来ビジョン」なくば増税論議は虚《むな》しい

田中角栄　さっき、彼（質問者C）に、「法案ぐらいつくれないといけないよ」と言ったけれども、法案がつくれるっちゅうことは、「官僚の能力と同じものがある」ということを意味するわけよ。やっぱり、よほど法律の勉強をしてなけりゃ、法案は書けないからね。「自分で法案が書ける。そして、議員立法を通せる」

ということが大きかったね。

今、税金のところで揉《も》めてるけど、実は、わしは新税をいっぱいつくったんだよ。いわゆるガソリン税とか、自動車重量税とか、いっぱいつくったよ。

今、高速道路の無料化が進んでいるけれども、あれもつくって何年かしたら、ほんとは無料になる予定だったんだ。しかし、けっこう収入になったので、その後、「ほかの高速道路をつくるための財源にする」という名目で残した。「高速道路をつくり続けるかぎりは料金をもらう」ということだね。

まあ、わしはいろいろな税金をつくる名人ではあったんだよ。だから、彼らみたいに下手じゃないよ。

根本的に間違《まちが》ってるのはね、行政サービスが何もないのに税金だけ上げて、国庫の収入のみ増やそうとしてるところだ。これが駄目《だめ》なんだよ。

だから、税金をつくるに当たっては、「その税金が、何か新しい、未来の発展につながるものだ」ということを明らかにしないと駄目なんだなあ。そういうふうに考えていかないといけないんだ。

「将来的にも、この税金は国を富まします。富のもとになる税金です」というようなことを言えばいいわけだ。あるいは、もう税というかたちでなくてもいいのかもしれない。要するに、「民間と共同して、新しい産業を起こすためのお金を集める」というスタイルで十分だと思う。

ただ、とにかくお金の使い方が、まだ十分できてないように思うなあ。だから、お金の使い方を教えてやらなきゃいけない。お金の使い方を知らない人のために、税金を集めたってしょうがないんだよ。お金の使い方をもうちょっとはっきりさせないとね。

これは、君らが好きなところだろうけど、「未来ビジョン」がなかったら、増税という論議は虚《むな》しいよ。

やっぱり、「増税をしたら、国が貧しくなり、国民が苦しくなる」というイメージしかないんだよなあ。だから、増税するなら、「未来ビジョン」を示さないといけないと思うね。

老後に不安があると、子供をつくっておきたくなるもの

それと、お年寄りには厳しいかもしれないけど、戦前は年金なんてなかったんだ。年金がなくたって、飢《う》え死になんかしないんだよ。

まあ、あまり悲劇的なものが多いのはちょっと問題だけども、「晩年、苦しくなるかもよ」という恐怖《きょうふ》は多少あってもいいと思うんだ。「年金がなくなるかもしれない」と思えば、今の若い人たちが、「子供を産んでおこうか」っていうことになってくるからね。

一人だけ子供を産んでも、その子が親不孝者だったら終わりだからね。やっぱ

り、〝保険〟のために二人産んだほうがいい（会場笑）。「二人産んだら一人ぐらいはまともで親孝行な子ができるかもしれない」と、こう思うだろ？　やっぱり、リスクを考えると、子供の数は増えてくるんだよ。

要するに、そういう意味では、「すべてのお年寄りは国家が面倒《めんどう》を見ますから、百パーセント心配ありません」と言うのは、必ずしもいいとは言えないんだ。

老後に不安があるから、子供をつくっておかなきゃいけない。あるいは、戦前だったら、子供がいない場合、養子を取ったわな。「養子は、ちゃんと学校を出してもらう代わりに、義理の親の面倒を見る」というスタイルがあったわな。また、「親戚《しんせき》が手伝う」というのもあったわな。

知恵《ちえ》としては、もうすでにあったもんだから、別に、「国家が税金によって、すべてのお年寄りの面倒を見てやらなきゃいけない」っていう理由はない。これは社会主義だよね。国家社会主義なんじゃないか。わしはそう思う。

増税せずに子供を増やすための「パフォーマンス」とは

お年寄りにはちょっと気の毒かもしらんけども、できたら、一定の数の人に、年を取って、惨《みじ》めに死んでいくパフォーマンスを派手にやっていただきたい。どこかよく目立つ所で、一定の数の人に行き倒れで死んでいただきたいんだよ、警察署の前とか、テレビ局の前とかでね（会場笑）。

身寄りがなくて、ろくに食べれず死んでいく姿をちょっと頑張《がんば》って見せていただきたい。世間のためだから、頑張って、テレビカメラに映るような所で死んでいただきたいんだよ。

そして、「子供をたくさん産んでおかないと、将来、こんなふうになりますよ」と言ってほしい。そうしたら、社会啓蒙《けいもう》になり、子供が増えるからね。だから、国家が、全部、助けちゃいけないんだよ。

ものすごく苦しそうに死んでいくところを、多少、見せないと駄目なんだよ。いや、ものの百人もいれば十分なんだ（会場笑）。主要都市のよく目立つ所で、百人ぐらいの人が、そういう野垂《のた》れ死にを見事に演じ切ってくれたら、子供が急に増え始めるからね。

誰か、維新《いしん》の志士に代わって、何て言うかなあ、あの世へ行く〝天界への志士〟？　いや、ちょっと悪いかなあ（会場笑）。まあ、子供を増やすための志士が必要だなあ。

だから、末期《まつご》の一言で、「君たち、子孫を増やしておきなさい」と遺言をして死んでいくわけだ。こういうのが百件ぐらい出たら、かなり社会的なニュースになって、子供は増え始めるよ。だから、国家が、完全にお年寄りの面倒を見たらいけないよ。

幸福の科学の信者の最後のお勤めとして、一部、そういう遺言をして死んでいく人がいてもいいかもしれないなあ（会場笑）。そして、野垂れ死にした方の胸のなかから、「『私みたいにならないように、子供をしっかりつくっておきなさい』というふうな遺書が出てきた」っていうのが、あちらの県からも、こちらの県からも出てきたら、社会現象になる。

百人で十分だよ（会場笑）。百人の人に上手に死んでいただければ、子供が急に増え始めるよ。「うわっ、こんなになるのか」と思って、子供を産む人が急に増え始めたら、消費税を増税しなくてもいけるようになるからね。

それは、社会の風潮や空気を変えるためのことなので、無駄死にじゃない。維新の志士だって、斬《き》り死にするんだから、まあ、〝維新の老人〟がいたっていいじゃない（会場笑）。

どうせ、一定の年齢《ねんれい》が来たら、死ぬのは決まってるんだからさ。だから、「私らみたいにならないように」と言って、できるだけみっともなく、見苦しく死んでいただくことが大事だ（会場笑）。

東京湾《わん》に身を投げて、ひっそりと死ぬなんて駄目だよ。こういう死に方は、全然、世の中の役に立たないから駄目だ。できるだけ見苦しく、「こんなふうにならないようにしよう」という遺言を世間に発表しながら、死ぬんだ。これがいい。これをやらなきゃ駄目だね。これは、百人で十分だ。だから、百人で世の中は変わる。コロッと変わっちゃう。

死ぬのは、できるだけテレビ局、新聞社の前がいい（会場笑）。そこで、死んでくれ。そうすると、世の中の風潮がガラッと変わってくる。「これは変だ。もう国家はお年寄りの面倒を見てくれないんだ」と。それでいいんだよ。

これで政治不信が起きて、世の中は変わる。そうしたら、増税なんか要《い》らないからね。

政治家は「未来志向」でなければ駄目《だめ》だ

福祉《ふくし》のために消費税を上げると言っているが、五パーセントだけでは済まないでしょ？

どうせ五パーセントを十パーセントにして、その後、十五パーセント、二十パーセントと上げていくつもりだ。もう先は見えてるもんね。ザーッと二十五パーセントまで上げていくんだろ？

これじゃあ、不況《ふきょう》が起きるよ。必ず不況になる。

「北欧《ほくおう》みたいにしたい」と言ったって、北欧なんか、全然、繁栄《はんえい》してないじゃないか。何で繁栄してない国を手本にするんだよ。そうだろう？　発展してる国としては、そりゃ、恥《は》ずかしいことだよね。

だから、菅さんは縄文《じょうもん》時代に戻《もど》って、生まれ直したほうがいいよ。君たちの修《しゅう》法《ほう》では無理なのか。菅さんを縄文時代に送って、「どんぐりを潰《つぶ》して、食糧《しょくりょう》にしてみなさい」と（会場笑）。

「パンを焼いたら公害が出るので、一度、どんぐりを食糧にされたらいかがですか。そういう時代にお戻りになられたらいかがですか」と、ちょっと言ったほうがええわ。

それから、鳩山《はとやま》さんには、「どうぞ、ジュゴンと共生してください」と言えばええわ（会場笑）。やっぱり、自然を克服《こくふく》することが文明の始まりなので、それを悪のように言ったら、人類の進化はそれで止まると思うよ。

地球が十分でなくなったら、宇宙に出ればいいんだよ。宇宙にはまだ住めるところがいっぱいある。それが人類の未来だよ。間違いなく、未来はそこにある。だから、次は宇宙船もつくらなきゃいけないね。もう、ほんとに、宇宙ロケットから、宇宙船、宇宙ステーションをつくるべきだ。

それから、やっぱり、宇宙への移住だ。月や火星、その他、住める星を探して移住していく。そういうフロンティア・スピリットは絶対いるよ。そちらに行かなきゃいけない。

日本は、そういう意味でのパイオニアでなきゃいけない。宇宙まで出るとなったら、大型のメーカーなんか、みな、仕事ができてくると思うな。

だから、やっぱり、政治家は未来志向でなきゃ、基本的には駄目《だめ》だな。

幸福実現党こそ自民党の後継《こうけい》政党だ

民主党を悪く言っちゃいけないのかな？　でも、やっぱり、このままでは駄目だね。これで、菅が選挙で負けたらどうなるか。

もう一度、いっちゃん（小沢一郎氏）が出てくるんかなあ。どうかねえ、やる気かねえ。どうだろうかね。最後の一戦をしたいかなあ。でも、総理になる前に

「闇《やみ》将軍」って言われてるんじゃ、ちょっと、可能性はないなあ。

うーん、まあ、おそらく、今、いっちゃんは動いてて、また、民主党を割ろうとしてるとは思うんだ。「民主党を二つに割るぞ」と脅《おど》してるとは思うんだけど、どうも印象が悪くて残念だね。まあ、師匠《ししょう》が悪いのかもしらんけども、このままではいかんね。

わしの弟子筋《でしすじ》は、どうも晩年、運が悪いので、これは、やっぱり反省を必要とするねえ（会場笑）。だから、「幸福の科学に、みな早く帰依《きえ》しなさい」と言わないといかんですなあ。

菅さんが尊敬している人も地獄《じごく》に行ってるそうだ。

言っとくけど、わしは行ってないよ（会場笑）。地獄に行ってたら、こんなにしゃべらないだろ？　な？　わしゃ、「うーん」と唸《うな》ってなかったろ？（会場笑）最近、よく見たからな。

あとは、中国の鄧小平《とうしょうへい》か。生前会ったことがあるけどね。日中国交回復のときに、目白の自宅にも来たけどさあ。その鄧小平が霊言《れいげん》で、「ウワーッ」って言ってたじゃないか。情けないなあ。

でも、あれを見た瞬間《しゅんかん》、「勝った！」と思ったよ（会場笑）。わしがいるのは少なくとも天国だ。少なくとも天国に入った。「勝った」とわしは思ったな。

だから、日本は正しい。中国に植民地化されるような立場にはないと思うな。

うん。「こっちの天国へいらっしゃい。そっちは地獄だよ。こっちは天国だ。はい、こっちへいらっしゃい。ディズニーランドをつくっただけでは、中国はまだ駄目だよ」と言いたいね。これは、「幸福の科学の教えを広げなさい」ということだな。

民主党に言いたいことは、「民主党にも幸福の科学を信じてる人はいっぱいいるんだろうから、そういう人はちゃんと幸福実現党の支持者にまわりなさい」ということだな。

自民党は、もう耐用《たいよう》年数を過ぎたかもしれない。戦後、何十年もやったからな。だから、「幸福実現党が自民党の後継《こうけい》政党だ」とわしは思うよ。ここは、自民党がやるべきことを全部やろうとしているからね。これが、次の、自民党に代わるものだろうと思うよ。

だから、「自民党の心ある人は、こちらのほうに寄ってらっしゃい」ということだ。まあ、次の選挙あたりを契機《けいき》にして、党として、急に人が集まってくるような状態にしたいもんだな。

そうしたら、また、わしに、「日本列島改造論」を超《こ》えて、「地球改造論」を霊言させてくれよ。ね？（会場拍手《はくしゅ》）

D——　本日は、温かくも、切れ味の鋭《するど》いご指導を賜り、本当にありがとうございました。

田中角栄　ああ、君みたいなインテリに頭を下げてもらってうれしいよ（会場笑）。

D――　いえ、とんでもないことです。ありがとうございます。

○○候補以下、全候補者一丸となって選挙に身を投じ、「蟻《あり》の一穴《いっけつ》」を必ず開けてまいりたいと思います。

田中角栄　「蟻の一穴」なんて言われると、なんか、わしは悪いイメージがあるんだ。

D――　あ、はい。

田中角栄　もうちょっと、でかいトンネルを開けてくれんかなあ（会場笑）。

D――　はい。大きな穴を開けてまいります。

田中角栄　土手の「蟻の一穴」じゃ、ちょっと小さい。やっぱり、三国峠《みくにとうげ》にボーンとトンネルを開けるような感じでいってほしいなあ。

D――　本日賜りました、大きな未来ビジョンを持って、突《つ》き進んでまいりたいと思います。ご指導、本当にありがとうございました。

田中角栄　はい。はい。どうも（会場拍手）。

大川隆法　田中角栄さん、ありがとうございました。

新潟《にいがた》のみなさんへのご挨拶《あいさつ》を兼《か》ねてのご降霊《こうれい》かと思います。

どうか、残り少ない日数ですが、よい戦いをなされて、実績をあげていただきたいと思います。

また、次に続くような戦いをしてください。次は衆院選が来ますので、必ず、それにつながる戦い方をしていきたいと思います。

天上界《てんじょうかい》から、これだけ大勢の霊人が応援《おうえん》してくれているのに、この世の人間がそれに応《こた》えられないようでは情けないので、もう一段、頑張りたいと思います。

私は会社に入る前、人事部の人と面接をすると、「田中角栄みたいだなあ」とよく言われました（会場笑）。どこが似ているのか、よく分からなかったのですが、何度も言われたのです。どこか似ているところがあるのでしょうか。
それでは、ここ新潟から、もう一発、パンチを繰《く》り出してください。
頑張りましょう！

あとがき

いまの日本に必要なのは、失業対策と高度経済成長だ。特に経済成長力を高めること自体が、中国の慢心《まんしん》を防ぎ、国防上の抑止力《よくしりょく》になることに気づいている人は少ない。与党民主党の外交・経済政策は、小学生レベルであり、同盟国アメリカに見放され、中国に見下されている。

北朝鮮潜水艦の魚雷で韓国船が撃沈され、米韓が合同軍事演習するや否や、中国海軍が黄海《こうかい》と南沙《なんさ》諸島海域で対抗する軍事演習をやったのである。

この事態を政治家もマスコミも的確に論評しないか、避けているとみてよい。正確な報道をすれば、『幸福実現党』のみが、この一年余り正しい政策を掲げ、主張し続けたことを認めることになり、マスコミ民主主義が単なる愚民政であることがバレるからである。私たちは、誠実かつ正直であり続けたいと願うのみである。

二〇一〇年　八月四日

幸福実現党創立者《こうふくじつげんとうそうりつしゃ》　大川隆法《おおかわりゅうほう》

『救国の秘策』大川隆法著作参考文献

『菅直人の原点を探る』（幸福の科学出版刊）
『民主党亡国論』（同右）
『国家社会主義とは何か』（同右）
『景気回復法』（同右）

救国《きゅうこく》の秘策《ひさく》──公開霊言　高杉晋作・田中角栄──

2010年８月23日　初版第１刷

著　者　　大《おお》川《かわ》隆《りゅう》法《ほう》

発行所　幸福の科学出版株式会社

〒142-0041 東京都品川区戸越１丁目６番７号
TEL(03)6384-3777
http://www.irhpress.co.jp/

印刷・製本　株式会社 堀内印刷所

落丁・乱丁本はおとりかえいたします

ISBN978-4-86395-065-8 C0030
Photo: アフロ
Illustration: 水谷嘉孝

大川隆法ベストセラーズ・霊言シリーズ

未来創造の経済学

公開霊言 ハイエク・ケインズ・シュンペーター

現代経済学の巨人である三名の霊人が、それぞれの視点で未来経済のあり方を語る。日本、そして世界に繁栄を生み出す、智慧の宝庫。

1,300円

ドラッカー霊言による「国家と経営」

日本再浮上への提言

「経営学の父」ドラッカーが、日本と世界の危機に対し、処方箋を示す。企業の使命から国家のマネジメントまで、縦横無尽に答える。

1,400円

アダム・スミス霊言による「新・国富論」

同時収録 鄧小平の霊言 改革開放の真実

国家の経済的発展を導いた、英国の経済学者と中国の政治家。霊界における両者の境遇の明暗が、真の豊かさとは何かを克明に示す。

1,300円

※表示価格は本体価格(税別)です。

大川隆法ベストセラーズ・霊言シリーズ

新・高度成長戦略

公開霊言 池田勇人・下村治・
高橋亀吉・佐藤栄作

奇跡の高度成長を実現した政治家・エコノミストたちによる、日本経済復活へのアドバイス。菅政権の政策の急所を突く。

1,300円

景気回復法

公開霊言 高橋是清・田中角栄・土光敏夫

日本を発展のレールに乗せた政財界の大物を、天上界より招く。日本経済を改革するアイデアに満ちた、国家救済の一書。

1,200円

富国創造論

公開霊言 二宮尊徳・渋沢栄一・上杉鷹山

資本主義の精神を発揮し、近代日本を繁栄に導いた経済的偉人が集う。日本経済を立て直し、豊かさをもたらす叡智の数々。

1,500円

松下幸之助 日本を叱る

天上界からの緊急メッセージ

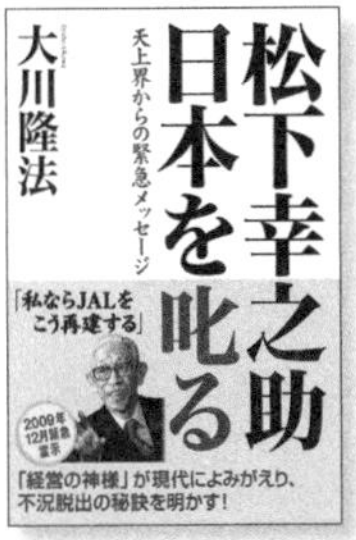

天上界の松下幸之助が語る「日本再生の秘策」。国難によって沈みゆく現代日本を、政治、経済、経営面から救う待望の書。

1,300円

幸福の科学出版

あなたに幸福を、地球にユートピアを――
宗教法人「幸福の科学」は、
この世とあの世を貫く幸福を目指しています。

幸福の科学は、仏法真理《ぶっぽうしんり》に基づいて、まず自分自身が幸福になり、その幸福を、家庭に、地域に、国家に、そして世界に広げていくために創られた宗教です。

「愛とは与えるものである」「苦難・困難は魂を磨く砥石《といし》である」といった真理を知るだけでも、悩みや苦しみを解決する糸口がつかめ、幸福への一歩を踏み出すことができるでしょう。

この仏法真理を説かれている方が、大川隆法総裁です。かつてインドに釈尊《しゃくそん》として、ギリシャにヘルメスとして生まれ、人類を導かれてきた存在、主エル・カンターレが、現代の日本に下生《げしょう》され、救世の法を説かれているのです。

主を信じる人は、どなたでも幸福の科学に入会することができます。あなたも幸福の科学に集い、本当の幸福を見つけてみませんか。

幸福の科学の活動

●全国および海外各地の精舎《しょうじゃ》、支部・拠点などで、大川隆法総裁の御法話拝聴会、祈願や研修などを開催しています。

●精舎は、日常の喧騒《けんそう》を離れた「聖なる空間」です。心を深く見つめることで、疲れた心身をリフレッシュすることができます。

●支部・拠点は「心の広場」です。さまざまな世代や職業の方が集まり、心の交流を行いながら、仏法真理を学んでいます。

幸福の科学入会のご案内

◆精舎、支部・拠点・布教所にて、入会式にのぞみます。入会された方には、経典《きょうてん》「入会版『正心法語《しょうしんほうご》』」が授与されます。

◆仏弟子としてさらに信仰を深めたい方は、三帰誓願式《さんきせいがんしき》を受けることができます。三帰誓願式とは、仏・法・僧の三宝《さんぽう》への帰依《きえ》を誓う儀式です。

◆お申し込み方法等は、最寄りの精舎、支部・拠点・布教所、または左記までお問い合わせください。

幸福の科学サービスセンター
TEL 03-5793-1727
受付時間 火～金：一〇時～二〇時
土・日：一〇時～一八時

大川隆法総裁の法話が掲載された、幸福の科学の小冊子（毎月1回発行）

月刊「幸福の科学」
幸福の科学の教えと活動がわかる総合情報誌

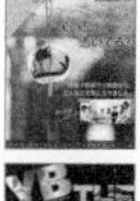

「ザ・伝道」
涙と感動の幸福体験談

「ヘルメス・エンゼルズ」
親子で読んでいっしょに成長する心の教育誌

「ヤング・ブッダ」
学生・青年向けほんとうの自分探究マガジン

幸福の科学の精舎、支部・拠点に用意しております。
詳細については下記の電話番号までお問い合わせください。

TEL 03-5793-1727

宗教法人 幸福の科学 ホームページ　http://www.happy-science.jp/